神奈川県、34歳、教師

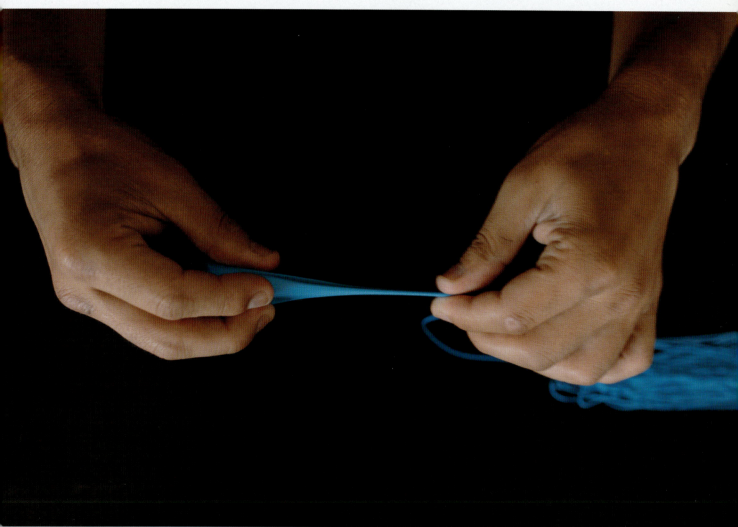

柔らかい粘土を左の親指と人差し指で小さくつまむリハビリテーション。

今回紹介したい「手」の持ち主は、ぼくには到底想像できないような経験をしてきた。彼の物語を通して、人が生きているってことは奇跡の連続なんだと再確認できた。何気なく動かしているこの手も足も、みんな当たり前のようで当たり前なんてない。

photo & text 関 健作
KENSAKU SEKI

［上］ジムにあるシャワールームにて。
［下］脳のMRI画像。画像の左側にある白い部分が脳腫瘍。

●せき・けんさく　1983年、千葉県に生まれる。2006年、順天堂大学・スポーツ健康科学部を卒業。2007年から3年間体育教師としてブータンの小中学校で教鞭をとる。2010年、帰国して小学校の教員になるがすぐに退職。現在フリーランスフォトグラファー。
［受賞］2017年　第13回「名取洋之助写真賞」受賞／2017年　APAアワード2017　写真作品部門　文部科学大臣賞受賞
［著書］『ブータンの笑顔　新米教師が、ブータンの子どもたちと過ごした3年間』（径書房）2013
［写真集］『OF HOPE AND FEAR』（Reminders Photography Stronghold）2018／『名取洋之助写真賞　受賞作品　写真集』（日本写真家協会）2017／『祭りのとき、祈りのとき』（私家版）2016

　右手には柔らかい粘土、それを左の親指と人差し指で小さくつまみ、引っ張る。その動作を1日じゅう、ひたすら繰り返す。それが彼に課せられた最初のリハビリテーション。簡単な動きだが、最初は全くできなかったという。

　神奈川県、西には丹沢山地が連なる緑に囲まれたのどかな町で、ぼくの友人である来山は小学校教師として日々奮闘していた。

　しかし、2016年7月、予期せぬ宣告を受けることになった。激しい頭痛が1週間ほど続いたため、MRI検査をしたところ、右脳に3.8cmほどある脳腫瘍が見つかったのだ。医者には余命5〜10年と宣告された。ぼくは彼にお願いし、闘病生活を取材させてもらうことにした。来山とは同世代であり、同じ一児の父。青年海外協力隊員としてブータンに赴任しているときに出会った。だからとても他人事とは思えなかった。共通点の多い34歳の彼がどんな思いで病気と向き合い、どう家族と過ごしているのか知りたくなったのだ。

家族と過ごす休日。2016年11月に長男が誕生、それを待って2017年1月に手術をした。

　手術は成功、しかし意識が戻った後、左上下肢がまったく動かないことに愕然とした。脳内の激痛や、左上下肢の麻痺、不安な日々を過ごす中で支えになったのは、家族の存在であり、学校で待つ教え子の存在だった。

　左手が思うように動かないというジレンマを感じながらも一所懸命リハビリを続けた。

　昔のなんでもできた自分と比べるのではなく、昨日の自分と今の自分を比べ、少しずつ成果を実らせていったという。

　左手が動くようになった、粘土をつまめるようになった、引っ張れるようになった、続けてできるようになった、早くできるようになった……。昨日できなかったことが少しずつできるようになる、その喜びが彼を支えた。

　そして、驚くべきことに、入院から3か月弱で職場復帰を果たし、今では手術前からやっていたキックボクシングもできるほどに回復することができた。

　昨日まで意のままに操れていたものが、全くできなくなる。彼の左手はゼロになる喪失感、悲しみ、憤りを味わった。その後、ゼロから1つ、また1つとできるようになる喜び、達成感を積み重ねてきた。そんな彼の手を見ていると、来山の強い意志と人間の神秘を感じずにはいられなかった。

　「いつ死んでもいいように、毎日満足することを心がけている。自分にできることを積み重ねるだけ。」

　彼の言葉には濁りがなかった。

　彼と一緒にいても彼の苦しみは計り知れないし、理解することも難しい。それでも、どんな苦境に立たされても、それと折り合える意思をもつことがいかに大事かを彼の横で学んだ。そしてぼく自身の人生もいつどうなるかわからないということも。

　だからこそ、この1年をこの1日を大切に、そして今できることを精一杯やっていこうと思った。

5月4日現在で泥沼の5連敗にあえぐ神戸のトンネルは長い

ワン・バルセロナ

　昨年、ヴィッセル神戸が「バルサ化」を合言葉にアンドレ・イニエスタを獲得。ペップ・グアルディオラが師と仰いだフアン・マヌエル・リージョを監督に迎え、元スペイン代表のエース、ダビド・ビジャまで獲得した。サッカーファンも神戸の壮大なプロジェクトに夢をみた。しかし、今その夢が揺れている。4月17日にリージョ監督が突然の辞任を発表、ルーカス・ポドルスキもキャプテンを辞退した。オーナーの現場介入が影響したのではないかと噂されている。

　バルサを夢みることは容易い。しかし、バルサがバルサになりえた道程は険しいものだ。スペイン内戦に端を発したフランコ政権によるカタルーニャ弾圧、抑圧されたカタルーニャ人が自らの象徴とも呼べるクラブにトータルフットボールを持ち込み、スペイン伝統のパスサッカーを融合させたのがバルサの根幹だ。さらにラ・マシアと呼ばれる育成システムを確立して、トップからジュニアまで同じ哲学を植え付けた。その小さな苗を半世紀かけて育て上げたのがFCバルセロナなのだ。

　どんなに優秀な選手をかき集めてもバルサにはなれない。なぜならば、バルサとは哲学だからだ。

[写真・文] 髙須　力 たかす・つとむ
東京都出身。2002年より独学でスポーツ写真を始め、フリーランスとなる。サッカーを中心に様々な競技を撮影。ライフワークとしてセパタクローを追いかけている。日本スポーツプレス協会、国際スポーツプレス協会会員。http://takasutsutomu.com/

[第2回]
season2
スポーツの力

学校教育・
実践ライブラリ
Vol. 2

評価と指導
全面実施直前・各教科等の取組課題

学校教育・実践ライブラリ　Vol.2

連 載

創る―create

50	田村学の新課程往来②	田村　学
	平成の教育を見つめ直す	
52	続・校長室のカリキュラム・マネジメント②	末松裕基
	言葉と学校経営	
54	ここがポイント！　学校現場の人材育成②	高野敬三
	新任教員の即戦力化〈その2〉	
72	講座　単元を創る②	齊藤一弥
	資質・能力ベイスの単元を創る	
74	連続講座・新しい評価がわかる12章②	佐藤　真
	指導要録の改訂ポイント	
76	学びを起こす授業研究②	村川雅弘
	目指す資質・能力の育成のための手立ての共有化	
86	進行中！　子どもと創る新課程②	鈴木美佐緒
	子供の思いや願いを育み、意欲や主体性を高める授業づくり	
	──第2学年「大きくなあれ！ ぼく・わたしの野菜」の導入場面に着目して	

つながる―connect

56	子どもの心に響く　校長講話②	手島宏樹
	私の妹	
80	カウンセリング感覚で高める教師力②	有村久春
	保護者の訴え―PCAの発見	
83	ユーモア詩でつづる学級歳時記②	増田修治
	「お父さんの小さいころ」	
84	UD思考で支援の扉を開く　私の支援者手帳から②	小栗正幸
	原因論にまつわる煩悩（1）	
	──「やる気がない」と思いたくなる煩悩	
88	学び手を育てる対話力②	石井順治
	対話的に学ぶ子どもを育てる	

知る―knowledge

44	解決！ ライブラちゃんの　これって常識？　学校のあれこれ②	編集部
	学校の教育目標って、なぜ知・徳・体で決まりなの？［後編］	
	──どうなる、これからの教育目標［一橋大学教授　木村 元］	
46	本の森・知恵の泉②	飯田　稔
	これからは「自分の頭」で考えられる人の時代	
	──『知的生産術』	
48	リーダーから始めよう！ 元気な職場をつくるためのメンタルケア入門②	奥田弘美
	ストレスの正体、知ってますか？	

教育長インタビュー ──次代を創るリーダーの戦略Ⅱ②

60	保小中高一貫教育を柱に町総ぐるみで学びのまちづくりを目指す	［山形県小国町教育長］遠藤啓司

カラーページ

1	Hands　手から始まる物語②	関　健作
	神奈川県、34歳、教師	
4	スポーツの力［season2］②	髙須　力
	ワン・バルセロナ	

エッセイ

8	離島に恋して！②	鯨本あつこ
	透明に酔いしれる島	
58	リレーエッセイ・Hooray! わたしのGOODニュース	
	淡々とした日々	［元陸上選手］為末　大
96	校長エッセイ・私の一品	
	「うしろ姿」の教育	［宮崎県宮崎市立東大宮小学校長］濱田常義
	9年生からのメッセージ	［栃木県那須塩原市立塩原小中学校長］丑越　薫

特集
評価と指導～全面実施直前・各教科等の取組課題～

● 論考──theme

頁	教科	タイトル	執筆者
14	国語〈小学校〉	単元における目標設定と指導事項の精選を	樺山敏郎
15	国語〈中学校〉	指導事項に基づいた資質・能力の育成と評価の重視を	冨山哲也
16	社会〈小学校〉	思考の深まりを捉える評価と多様な学習活動の工夫	北　俊夫
17	社会〈中学校〉	課題追究学習と"自己調整"を組み込んだ指導と評価	工藤文三
18	算数〈小学校〉	授業改善と評価をセットで構想する資質・能力ベイスへの転換	礒部年晃
19	数学〈中学校〉	「数学的な見方・考え方」の位置付けを明らかにする	永田潤一郎
20	理科〈小学校〉	評価の観点の趣旨を生かして授業をデザインしよう	川上真哉
21	理科〈中学校〉	学習指導要領解説理科編から探究の過程を十分に読み解く	小林辰至
22	生活〈小学校〉	一層の充実が求められる指導と評価の一体化	朝倉　淳
23	コラム 学習評価の基本的な枠組みと改善の方向性		
24	音楽〈小学校〉	学ぶ楽しさや喜びを実現する指導と評価	宮下俊也
25	音楽〈中学校〉	主体的・協働的な学びを実現する指導と評価	宮下俊也
26	図画工作〈小学校〉	子供の主体的な活動を支援する指導と評価	阿部宏行
27	美術〈中学校〉	生徒一人一人の学習の進捗を見据えた評価	福本謹一
28	家庭〈小学校〉	「生活をよりよくしようと工夫する」資質・能力を踏まえた評価と指導	岡　陽子
29	技術・家庭（家庭分野）〈中学校〉	「生活を工夫し創造する」資質・能力を踏まえた評価と指導	岡　陽子
30	技術・家庭（技術分野）〈中学校〉	技術分野の学習過程に即した多様な評価と学習課題の設定	古川　稔
31	コラム「主体的に学習に取り組む態度」の評価の基本的な考え方		
32	体育〈小学校〉	人間性に関する指導内容と評価に注目	岡出美則
33	保健体育〈中学校〉	評価の観点の読み取りと捉え直しから保健体育科の授業をつくる	今関豊一
34	外国語活動・外国語〈小学校〉	パフォーマンス活動を通した「思考・判断・表現」の評価がポイント！	菅　正隆
35	外国語〈中学校〉	「知識・技能」を活用したコミュニケーション能力の育成	菅　正隆
36	特別の教科　道徳〈小学校〉	「主体的・対話的で深い学び」の道徳授業づくりと評価	毛内嘉威
37	特別の教科　道徳〈中学校〉	人間としての生き方を多面的・多角的に考えさせる指導と評価	毛内嘉威
38	総合的な学習の時間〈小学校〉	各教科等における見方・考え方を活用した学習活動の工夫	佐藤　真
39	総合的な学習の時間〈中学校〉	実社会と自己の生き方を関連付けて学ぶ探究学習	佐藤　真
40	特別活動〈小学校〉	「為すことによって学ぶ」特別活動の特質を踏まえた多様で柔軟な評価	有村久春
41	特別活動〈中学校〉	新しい評価を人間形成に生かす	城戸　茂

ワンテーマ・フォーラム──現場で考えるこれからの教育
仕事に生きる！　私の休み時間

頁	タイトル	執筆者
65	私にとっての休日とは……	神田敏生
66	糧となるのは家族とのコミュニケーション	疋島和恵
67	『わたし、定時で帰ります。』	坂口朋子
68	楽しい子育てに夢中です	千守洋行
69	忙裡偸閑──オフの時間は無理なく楽しく	中山大嘉俊

頁		執筆者
10	教育Insight　「義務教育9年間」で教員配置や免許を検討へ	渡辺敦司
90	スクールリーダーの資料室　新しい時代の初等中等教育の在り方について（諮問）	

離島に恋して! [第2回] リトコイ!

透明に酔いしれる島
与論島 [鹿児島県]

10連休となった今年のゴールデンウィークでは、飛行機で遠出をされた方も多いのではないでしょうか。晴天のフライトで窓側席に座れたなら、上空からのアイランドホッピングも楽しみたいところ。九州〜沖縄エリアの航路なら、天草諸島に屋久島、種子島、トカラ列島、奄美群島、沖縄本島周辺の島々、宮古諸島、八重山諸島と、次々に現れては通り過ぎる島々の姿を臨むことができます。

上空から見ると島の大きさや地形がさまざまであることがわかりますが、世の中には、離島といえば「白い砂浜と青い海」と思っていらっしゃる方も少なくありません。実際には、東京の伊豆大島や八丈島にはブラックサンドビーチといわれる黒砂のビーチがあり、鹿児島県の硫黄島では島名の通り「硫黄」が流れ出す黄色い海も見られ、南大東島のように深海から突き出た断崖絶壁の島には砂浜らしい砂浜がありません。正しくは「黒い砂浜」「黄色い海」「砂浜のない島」も存在するのが、個性豊かな日本の島々です。

とはいえ、誰もが期待する「白い砂浜と青い海」が広がる島ももちろんあり、日本に約400島ある有人離島のなかでも群を抜いていると感じるのが、鹿児島と沖縄の境に浮かぶ与論島です。

いさもと・あつこ　1982年生まれ。大分県日田市出身。NPO法人離島経済新聞社の有人離島専門メディア『離島経済新聞』、季刊紙『季刊リトケイ』統括編集長。地方誌編集者、経済誌の広告ディレクター、イラストレーター等を経て2010年に離島経済新聞社を設立。地域づくりや編集デザインの領域で事業プロデュース、人材育成、広報ディレクション、講演、執筆等に携わる。2012年ロハスデザイン大賞ヒト部門受賞。美ら島沖縄大使。2児の母。

NPO法人離島経済新聞社
統括編集長
鯨本あつこ

　今年のゴールデンウィークは久しぶりに与論島へ渡りました。与論島には60を超えるビーチがありますが、中でも美しいのは島の東側にあるビーチから小舟に乗って透明な海を1.5キロメートルほど進んだ場所に、干潮時にだけ出現する「百合ヶ浜」。潮の満ち引きのたびに真新しい姿となる浜は、「天国に一番近い場所」と評されても頷けるほどの美しさです。

　与論島で撮影された映画『めがね』は、都会から島にやってきた女性たちが美しい風景のなかで黄昏る物語でしたが、自分も『めがね』の主人公たちが陶酔した風景に身を置いてみようと、島を訪れる女性客の姿を与論島ではよく見かけます。

　そんな彼女たちが透明な海に陶酔する一方、私が陶酔するのは与論島が誇るもうひとつの透明。奄美群島だけでつくられている黒糖焼酎です。人口約5000人の与論島には黒糖焼酎を造る酒造が1蔵あり、代表銘柄の「島有泉」は、すっきり軽く透明な味わい。少しめずらしいのは、一般的な焼酎の度数が30度前後であるのに対して、島で最も流通している度数は20度と低めなことです。

　ゴールデンウィークの与論島では、居酒屋でばったり数年ぶりに再会する島人と出会いました。10人前後のテーブルにやってきたその方は、左手で「島有泉」の一升瓶を抱え、右手には盃を持っています。そして一言「それでは与論献奉（よろんけんぽう）をはじめさせていただきます」というと、この日に出会えたことへの感謝を述べて、盃に注いだ焼酎をぐいとひと呑み。空いた盃にまた焼酎を注ぎ、隣に座る人へ手渡すと、その人も盃を手に今この瞬間の感想を述べて盃を空にし、盃はさらに隣の人の手へ……。こうしてテーブルを囲む全員が想いと酒を分かち合うのが、与論島独自の飲酒作法「与論献奉」なのでした。

　お酒に弱い方ならギョッとするお作法ですが、「お酒の弱い人には無理強いしません。口上を述べたあとに親に返してもいいんです」という優しさもあるのが与論流。与論島人曰く、与論献奉はあくまで「ウエルカムドリンク」であり、島内で流通するお酒が20度である理由も、与論献奉が前提だからなのです。与論献奉にほろ酔いながら、日本に離島は数あれど、与論島は透明な魅力に酔いしれることができる島なのだと再確認しました。

写真左●幻の浜といわれる「百合ヶ浜」
写真右●与論島のウエルカムドリンク「与論献奉」の盃

●有人離島専門フリーペーパー『ritokei』●
有人離島専門メディア『ritokei（リトケイ）』では、「つくろう、島の未来」をコンセプトに400島余りある日本の有人離島に特化した話題のなかから、「島を知る」「島の未来づくりのヒントになる」情報をセレクトして配信しています。
ウェブ版 www.ritokei.com

教育Insight

「義務教育9年間」で教員配置や免許を検討へ

教育ジャーナリスト
渡辺敦司

柴山昌彦文部科学相は4月17日、第10期中央教育審議会（会長＝渡邉光一郎・第一生命ホールディングス会長）に「新しい時代の初等中等教育の在り方について」を諮問した。1月25日の答申「新しい時代の教育に向けた持続可能な学校指導・運営体制の構築のための学校における働き方改革に関する総合的な方策について」で積み残された課題（第7章3「今後更に検討を要する事項」）を引き継ぐとともに、その抜本的改革を進めるためには、教職員配置や教育課程、教員養成も含めた初中教育の総合的な見直しが必要だと判断したものとみられる。

5月8日に開催された初等中等教育分科会（分科会長＝荒瀬克己・大谷大学教授）では、同分科会の下に「新しい時代の学校の在り方特別部会」を設置することも決まった。諮問事項全体を横断的に議論して初中分科会に上げるとともに、教育課程部会や教員養成部会からの報告も受ける。新学習指導要領の審議（14年11月～16年12月）で教育課程企画特別部会（教育課程部会の下に設置）が果たしたような"司令塔"の役割が期待されているようだ。

●高校なども含めた"包括諮問"

初中教育の在り方に関する総合的な諮問としては、2003年5月の「今後の初等中等教育改革の

推進方策について」以来だという。ただし、この時は①初等中等教育の教育課程及び指導の充実・改善方策について②義務教育など学校教育に係る諸制度の在り方について──という二つの事項が示され、このうち①は学習指導要領の一部改訂（03年10月に「初等中等教育における当面の教育課程及び指導の充実・改善方策について」を答申、同12月に一部改訂）、②は存廃論議が焦点化していた義務教育費国庫負担制度を堅持することが主眼だった（05年10月に「新しい時代の義務教育を創造する」を答申）。

今回の諮問は、政府の教育再生実行会議（座長＝鎌田薫・前早稲田大学総長）の第11次提言（5月17日）でも挙げられた高校教育の在り方や、改正入国管理法の施行に伴って一層の増加が見込まれる外国人児童生徒等への教育も含めた初中教育全般の"包括諮問"となっているのが特徴だ。

包括諮問の形式は、高等教育で前例が幾つかある。とりわけ08年9月の諮問「中長期的な大学教育の在り方について」は、12年8月の答申「新たな未来を築くための大学教育の質的転換に向けて～生涯学び続け、主体的に考える力を育成する大学へ～」をまとめる過程で高大接続改革の必要性が浮上し、中教審総会で答申直後に「大学入学者選抜の改善をはじめとする高等学校教育と大学教育の円滑な接続と連携の強化のための方策につい

て」が諮問されることにもつながった経緯がある。

●標準時数の在り方も課題

　柴山文科相から要請のあった審議事項の概要は以下のとおり。

①新時代に対応した義務教育の在り方…基礎的読解力などの基盤的な学力の確実な定着に向けた方策▽義務教育9年間を見通した児童生徒の発達の段階に応じた学級担任制と教科担任制の在り方や、習熟度別指導の在り方など今後の指導体制の在り方▽年間授業時数や標準的な授業時間等の在り方を含む教育課程の在り方▽障害のある者を含む特別な配慮を要する児童生徒に対する指導及び支援の在り方など、児童生徒一人一人の能力、適性等に応じた指導の在り方

②新時代に対応した高等学校教育の在り方…普通科改革など各学科の在り方▽文系・理系にかかわらず様々な科目を学ぶことや、STEAM教育の推進▽時代の変化・役割の変化に応じた定時制・通信制課程の在り方▽地域社会や高等教育機関との協働による教育の在り方

③増加する外国人児童生徒等への教育の在り方…外国人児童生徒等の就学機会の確保、教育相談等の包括的支援の在り方▽公立学校における外国人児童生徒等に対する指導体制の確保▽日本の生活や文化に関する教育、母語の指導、異文化理解や多文化共生の考え方に基づく教育の在り方

④これからの時代に応じた教師の在り方や教育環境の整備等…児童生徒等に求められる資質・能力を育成することができる教師の在り方▽義務教育9年間を学級担任制を重視する段階と教科担任制を重視する段階に捉え直すことのできる教職員配置や教員免許制度の在り方▽教員養成・免許・採用・研修・勤務環境・人事計画等の在り方▽免許更新講習と研修等の位置付けの在り方など教員免

許更新制の実質化▽多様な背景を持つ人材によって教職員組織を構成できるようにするための免許制度や教員の養成・採用・研修・勤務環境の在り方▽特別な配慮を要する児童生徒等への指導など特定の課題に関する教師の専門性向上のための仕組みの構築▽幼児教育の無償化を踏まえた幼児教育の質の向上▽義務教育をすべての児童生徒等に実質的に保障するための方策▽いじめの重大事態、虐待事案に適切に対応するための方策▽学校の小規模化を踏まえた自治体間の連携等を含めた学校運営の在り方▽教職員や専門的人材の配置、ICT環境や先端技術の活用を含む条件整備の在り方

　新聞報道などでは小学校に教科担任制を導入することに注目が集まっているが、それだけにとどまらないようだ。「義務教育9年間」という言葉が①の学級担任制・教科担任制に掛かっているだけでなく、④にも使われている。中学校も含めて教職員配置の在り方を見直すとともに、小・中両方の免許を取得しやすくするような免許制度と教員養成の在り方も課題になるとみられる。

　「年間授業時数や標準的な授業時間等」をめぐっては17年度、平均で小学校第5学年1040.2時間（標準授業980時間）、中学校第1学年1061.3時間（同1015時間）と大幅に上回っている実態が明らかになっており、文科省は3月29日付の初等中等教育局長通知で「教師が崇高な使命を持って授業を実施されたことを示すものにほかならない」としながらも、「各学校の指導体制を整えないまま標準授業時数を大きく上回った授業時数を実施することは教師の負担増加に直結するものである」として、各学校の指導体制に見合った授業時数を設定するよう求めていた。結果的に標準時数を下回った場合なども含めた運用の在り方も議論になりそうだ。

教育関係者向け総合情報サイト

ぎょうせい教育ライブラリ
GRAND OPEN!

Since 2019

● 『学びのある』学校づくりへの羅針盤を基本コンセプトに、教育の現在に特化した総合情報サイトを開設しました！

「お気に入り」登録を！
https://shop.gyosei.jp/library/

▼「ぎょうせい教育ライブラリ」トップページ

「学校教育」の現場で今すぐ役立つ情報を発信していきます。

教育の現在が分かる無料メルマガ
「きょういくプレス」会員受付中

〒136-8575
東京都江東区新木場1-18-11
TEL0120-953-431
株式会社　ぎょうせい

特集

評価と指導
全面実施直前・各教科等の取組課題

新学習指導要領の全面実施を控え、学習評価にかかる「報告」「通知」が示されました。育みたい資質・能力の三つの柱に即し、今回の改訂では評価の観点が「知識・技能」「思考・判断・表現」「主体的に学習に取り組む態度」の3観点とされるなど、観点別評価はもとより、評価観、評価手法についても見直しが求められます。本特集では、こうした新しい評価の効果的・効率的な実現のための手法と、指導と評価の一体化に基づく授業づくりについて、教科等別に取組課題を検討します。

● 論 考──theme
　□国語
　□社会
　□算数／数学
　□理科
　□生活
　□音楽
　□図画工作／美術
　□家庭／技術・家庭
　□体育／保健体育
　□外国語活動・外国語／外国語
　□特別の教科　道徳
　□総合的な学習の時間
　□特別活動

theme 1

単元における目標設定と指導事項の精選を
[国語]〈小学校〉

大妻女子大学准教授
樺山敏郎

小学校国語科における新しい評価のポイント

　評価には、指導との一体化が求められる。一体化を図るには、第一義として子供たちに身に付けさせようとする資質・能力（学習指導要領の目標及び内容）の有意性を教師自身が精査する必要がある。その上で、単元（一単位時間）に設定する目標の妥当性を子供の側に立って検討することが指導と評価の一体化を図る第一歩である。

　国語科授業における目標の中に「相手に分かり易く」「〇〇（主人公）の気持ちを想像して」など曖昧な表現が散見される。「相手」はどのような特性をもち、「分かり易く」とは発達の段階を踏まえどのレベルまでを求めるのか、「気持ち」ではなく「変容」の要因を探ることが主眼ではないか、「想像」の拠り所や理由の所在にどうアプローチするのか、「想像」の拡散をどのように収束するのかなどの検討が必要である。

　単元（一単位時間）における目標の設定、指導事項の精選が評価の成否を分ける。結局、子供一人一人はどのような能力を獲得できたか否か、目標の実現状況を眼前の子供の姿を通してつぶさに見取ることが評価の核となる。こうした教師の評価力を高めるためには、単元（一単位時間）の出口において目指す子供の姿を具体的に描くことが鍵になる。

国語科の特質を踏まえた主体的・対話的で深い学びを実現する授業づくりのポイント

　国語科は教科特性として単元のまとまりを意識した学習指導が展開されている。年間の見通しの中で設定する単元で身に付けようとする資質・能力を明確にすることが授業づくりの要である。

　「主体的・対話的な学び」の実現には、学習者が到達を目指す目標そのものの価値や意義の再検討を望む。目標には学習者にとって意味ある問いが内在することが大切である。問いには、①学習者の能動的な関わりが期待できること、②個別の問いと集団の問いが調和していること、③前単元や前学年までに習得している知識や技能が想起されること、④新しい知識や技能の習得が必然となること、⑤完結しない問いが認知され、それらの解決が支援されることなどが必要な要素として考えらえる。

　「深い学び」の実現には、「深い」の捉えが肝心である。「深い」の辞書的な意味は、「物事の程度や分量、かかわりが多いこと」となる。「深い」とは、ある意味「多い」ということである。そう捉えると、量的な側面から「深さ」を検討する必要がある。評価との関連を踏まえると、学びの出口における結果、深まった（深まらなかった）事実を量的に捉えることが重要となる。既有の「知識・技能」「思考力、判断力、表現力等」がどのように更新され、新規のものとして何が習得されたのかを把握し評価するのである。併せて、「深い」という概念は量的な側面のみならず質的な側面からの捉えも大切である。「主体的に学習に取り組む態度」という情意面の評価には、自分の学びの省察を自身の言葉で綴るといったメタ認知が重要な視点になる。子供一人一人にどのような個性的で新しい意味世界が創生したのかに着眼し、学びの結果のみならずその過程に目を向けて評価することが大切である。こうした量的と質的、結果と過程といった両面から「深い学び」の実現状況を見取りながら、資質・能力が曖昧になりがちな国語科学習指導をもっとクリアに改善していきたい。

theme 2

指導事項に基づいた資質・能力の育成と評価の重視を
[国語]〈中学校〉

十文字学園女子大学教授
冨山哲也

中学校国語科における新しい評価のポイント

国語科においては、次の3点がポイントとなる。

1点目は、評価の観点が変わることについての整理である。国語科では、現行の5観点が3観点に変わるが、評価の観点が学習指導要領の内容に対応している点は変わらない。

2点目は、指導事項の重視である。国語科で育成を図る資質・能力は、指導事項に端的に示されている。各指導事項は系統的に整理され、各学年においてどのような資質・能力を身に付けるべきかが示されている。「中学校学習指導要領解説 国語編」の記述を参考にしながら、指導事項の重点を明確にし、当該の資質・能力が身に付いたかどうかを適切に評価し、指導に結び付ける必要がある。

3点目は、「主体的に学習に取り組む態度」の評価についての整理である。この観点の評価については、全ての教科等に共通して、「粘り強さ」と「自分の学習の調整」という二つの側面を見ることが求められている。このことと、教科の目標（3）に示された「学びに向かう力、人間性等」の資質・能力との関連を図って、指導し評価する。

「知識・技能」「思考・判断・表現」の評価

(1)「知識・技能」の評価

国語科の内容のうち、〔知識及び技能〕は、(1)言葉の特徴や使い方に関する事項、(2)情報の扱い方に関する事項、(3)我が国の言語文化に関する事項の三つのまとまりごとに、育成を目指す資質・能力が指導事項の形で示されている。これらについての学習状況を「知識・技能」の観点で評価する。

(2)「思考・判断・表現」の評価

〔思考力、判断力、表現力等〕は、「A話すこと・聞くこと」「B書くこと」「C読むこと」の三つの領域において、指導事項が示されている。これらについての学習状況を「思考・判断・表現」の観点で評価する。なお、〔思考力、判断力、表現力等〕に示された資質・能力は、社会生活で必要とされる具体的な言語活動の中で発揮されることが重要である。そのため、言語活動を通して指導し評価することが基本になる。

「主体的に学習に取り組む態度」の評価

国語科においては、言葉を通じて積極的に人と関わったり、思いや考えを深めたりしながら、言葉がもつ価値を認識しようとするとともに、言語感覚を豊かにし、言葉を適切に使おうとする態度を育成し、それを評価の対象とする。

国語の特質を踏まえた主体的・対話的で深い学びを実現する授業づくりのポイント

現行学習指導要領において言語活動を通した指導が重視され、国語科の授業に大きな改善が見られた。今後も、社会生活で必要とされる具体的な言語活動を通して、相手意識や目的意識をもち、試行錯誤しながら課題を解決していけるよう指導を展開することが求められる。このような学習の中でこそ、生徒の主体性が発揮されるとともに、対話的な学びの必然性が生まれる。その結果として、生徒が、考えを広げたり深めたりすることが重要である。

theme 3

思考の深まりを捉える評価と多様な学習活動の工夫
［社会］〈小学校〉

一般財団法人総合初等教育研究所参与
北　俊夫

小学校社会科における新しい評価のポイント

　これからの社会科における評価のポイントと移行期間の課題は次のとおりである。

　「知識・技能」の観点は従来の「知識・理解」と「観察・資料活用の技能」を合体させたもの。「知識」に関しては具体的知識の習得状況と概念的知識の理解状況の二つの側面から評価する。学習指導要領には知識と技能に関する指導事項がそれぞれ示されており、指導の場では知識と技能を評価する。最終的に評定する際には知識と技能の習得状況を合体して判定する。移行期間には、小単元ごとに「知識の構造図」を作成するなど取り上げられる知識と技能を整理しておきたい。

　「思考・判断・表現」の観点は、思考力、判断力、表現力を身に付けているかどうかを評価するもの。思考、判断、表現する活動を評価することでとどめないように留意する。移行期間には、思考力、判断力、表現力の指導方法とともに評価の在り方や方法を研究開発しておきたい。

　「主体的に学習に取り組む態度」の観点は粘り強く問題解決に取り組み、知識や技能を習得し、思考、判断、表現しようとしているかといった、子供が自らの学習を自己調整している姿を中心に意思的な側面を評価するもの。例えば、学習問題を設定し予想したあとどのように問題解決する計画を立てているか。その後、必要に応じてどのように軌道修正しているか。終末場面で学習をどのように振り返り学習成果を確認しているか。残された課題についてその後どのように取り組もうとしているかなどについて評価することが考えられる。移行期間には、「主体的に学習に取り組む態度」の観点の趣旨を校内で共通理解するとともに、子供の学習状況を評価する視点を明らかにしておきたい。

　従来の「関心・意欲・態度」の内、社会的態度とされる自覚、誇り、愛情など人間性に関わる事項は観点別評価の対象としない。

主体的・対話的で深い学びを実現する社会科授業づくりのポイント

　社会科における主体的な学びとは、子供が課題意識をもって自力で問題解決に取り組むこと。問題解決の活動が学びを深めていく過程である。対話的な学びとは、友達との学び合い活動を展開すること。具体的には討論や議論といった話し合い活動やグループで協働的な作業に取り組むことなど。子供は友達と関わり合いながら学びを深めていく。

　主体的な学びと対話的な学びのそれぞれにおいて深い学びを実現させるとともに、二つの学びを相互に関連させ、相乗効果を発揮させることにより、子供たちの学びはさらに深まりのあるものになる。

　深い学びとは学びに深まりがあることである。深い学びは静的、一時的に捉えるのではなく、学びを通して一人一人がどのように思考を変容させ理解を深めていったのかを時間の経緯の中で評価するものである。単元（小単元）や本時の終末において、このことを子供自身に意識させ、自覚できるような自己評価を促すことがポイントである。

　主体的・対話的で深い学びを実現することは、指導方法に関わる課題であり、移行期間に積極的に取り組んでいきたい。

theme 4

課題追究学習と"自己調整"を組み込んだ指導と評価
［社会］〈中学校〉

浦和大学客員教授
工藤文三

中学校社会科における新しい評価のポイント

(1) 評価の観点の趣旨の把握

観点別評価を進めるに当たっては、まず、指導要録の改善通知の〔別紙〕として示された「評価の観点及びその趣旨」を把握することが必要である。各分野とも「知識・技能」の観点は、学習対象の「理解」と「諸資料から様々な情報を効果的に調べまとめている」ことがその趣旨となっている。「思考・判断・表現」は、「多面的・多角的に考察」したり、「課題の解決に向けて選択・判断」したり、また「思考・判断したことを説明したり、議論したりする」こととされている。「主体的に学習に取り組む態度」は「国家及び社会の担い手として、よりよい社会の実現を視野に課題を主体的に解決している」ことを趣旨としている。

(2) 評価場面、評価方法の工夫

学習評価に当たっては、各分野、各単元の指導計画を作成する際に、指導の流れ、学習活動の構成を明確にするとともに、評価の観点を踏まえた評価場面と評価方法を設定する。評価方法については、生徒の学習のプロセスが把握できる学習シートやワークシート等を工夫したい。これらを学習の見通しや振り返りの活動に用いるとともに、単元のねらいに合わせて場面設定し、観点ごとの学習状況を把握するためにも用いるようにする。

「主体的な学習に取り組む態度」の観点については、学習活動全体を通じて、他の観点とともに評価を行うことが重要である。その際、学習活動において把握できる学び続ける姿や目当てに向かって試行錯誤しながら追究している姿、自らの学びをモニターしながら調整している姿を評価するようにしたい。

社会科の特質を踏まえた授業づくり

(1) 三つの資質・能力の柱の実現を目指す授業

社会科については、教科目標に示されているように、社会的な見方・考え方を働かせ、課題を追究したり解決したりする活動を通して、知識・技能、思考力・判断力・表現力、主体的に課題を解決しようとする態度を育てることが明確にされた。

目標とされている三つの資質・能力をバランスよく育てるためには、各分野、各指導内容に即して課題を追究したり、解決したりする活動をより一層充実することが必要である。これらの活動を行うに当たっては、課題を把握する場面、課題を追究する場面、課題を解決する場面を設定し、それぞれの場面において資料の収集と選択、読み取り、考察とまとめ、表現するといった活動を計画的に位置付けることが有効と考える。これらの学習活動全体を通して、目指す諸能力が習得されるような授業設計が求められる。

(2) 主体的・対話的で深い学びを実現する授業づくりのポイント

この学びを実現するための授業としては、まず、(1)で挙げた学習活動を展開する中で、課題への興味・関心を喚起し、学習の見通しをもたせるとともに、学習の進捗状況などの振り返りと調整を行わせるようにする。次に、課題の捉え方や課題解決に関わる考え方や解釈について、議論したり、実社会の関係者に聞き取りをしたりして、捉え方や考え方を広げるようにしたい。さらに、学習の過程において、各分野なりの「見方・考え方」を機能させる学習を工夫したい。

theme 5

授業改善と評価をセットで構想する資質・能力ベイスへの転換
[算数]〈小学校〉

筑紫野市教育委員会主任指導主事
礒部年晃

算数科における新しい評価のポイント

今回の学習指導要領の改訂においては、算数科において育成を目指す資質・能力が明確化され、内容ベイスの授業から資質・能力ベイスの授業へと質的な転換が求められている。このことは、単に評価の仕方を変えることではなく、授業改善と評価とをセットで構想することの重要性を提起している。つまり、教科固有の深い学びの実現に向けて、児童が「数学的な見方・考え方」を働かせる授業づくりとセットにした評価観及び評価方法の明確化が大切になると考える。

(1)「知識・技能」の評価のポイント

この観点においては、「数量や図形などについての基礎的・基本的な概念や性質などを理解していること」及び「日常の事象を数理的に処理する技能を身に付けていること」について評価を行うことになる。その際のポイントとして、習得した知識及び技能が基盤として、他の学習や生活の場面でも活用できるようになっていることや、活用する方法について理解していることを評価することが大切である。

(2)「思考・判断・表現」の評価のポイント

この観点においては、「日常の事象を数理的に捉え、見通しを持ち筋道を立てて考察する力」「基礎的・基本的な数量を図形の性質などを見いだし統合的・発展的に考察する力」「数学的な表現を用いて事象を簡潔・明瞭・的確に表したり目的に応じて柔軟に表したりする力」等について評価を行うこととなる。その際のポイントとして、児童が求め方や思考・判断の根拠を言葉、数、式、図、表、グラフ等を用いて記述したことや説明したことについて評価することが大切である。また、類似した問題事象の解決の際に、統合的・発展的に考えて解決しようとしているかといったことや新たな問題を発展的に作り出そうとしているかといったことについて評価することも大切である。

(3)「主体的に学習に取り組む態度」の評価のポイント

この観点は、「数学的活動の楽しさや数学のよさに気付き粘り強く考える」「学習を振り返ってよりよく問題解決しようとしたり、算数で学んだことを生活や学習に活用したりする」ことについて評価を行うことになる。これからの算数科においては、問題を解決したら終わりになるのではなく、設定された学習目標（学習のめあて等）の達成に向けた過程を振り返り、よりよい解決ができているかどうかを評価したり、新たな問題における解決の状況等を評価したりすることを含めて授業を構想することが大切である。また、その際、問題を解決するために数学的に表現・処理したことを振り返り、（多面的に）検討したり、問題解決の過程を自己評価したり、問題解決における数学的なプロセスをまとめたりすることをもとに評価することも大切である。

theme 6

「数学的な見方・考え方」の位置付けを明らかにする
[数学]〈中学校〉

文教大学教授
永田潤一郎

数学科における新しい評価のポイント

(1)「知識・技能」について

　従来の「数量や図形などについての知識・理解」と「数学的な技能」の観点に関する子供の学習状況には、異なる傾向が見られる点に注意したい。全国学力・学習状況調査等によると、「技能」の観点から出題された問題については、近年比較的よい結果が得られているが、「知識・理解」の観点から出題された問題についてはいまだに課題が多い。これまで2つの観点で評価してきたこうした状況を「知識・技能」という1つの観点でどのように把握し改善を図るのかを検討する必要がある。

(2)「思考・判断・表現」について

　従来「数学的な見方や考え方」とされてきた観点であるが、教科横断的に「思考・判断・表現」の名称で統一された。

　本観点については、新学習指導要領で新たに導入された「数学的な見方・考え方」との違いに注意したい。「数学的な見方・考え方」は、資質・能力の三つの柱を構成する「知識及び技能」「思考力、判断力、表現力等」「学びに向かう力、人間性等」の全てに働かせるものであり、「思考・判断・表現」とは異なる概念として位置付けられている。

　評価の対象はあくまでも三つの柱を構成する資質・能力の育成の状況であることを踏まえ、混乱が生じないよう注意する必要がある。

(3)「主体的に学習に取り組む態度」の評価

　中学校数学科の教科目標では、柱書で数学的活動を通してその実現を図ることが明示されている。その上で、「学びに向かう力、人間性等」の視点から、子供が「数学的活動の楽しさ」を実感できるようにすることも示されている。こうした考え方は、平成20年に告示された学習指導要領の理念を受け継いだものであり、「主体的に学習に取り組む態度」の評価の面からも今後一層の充実が求められる点に注意する必要がある。

数学科の特質を踏まえた主体的・対話的で深い学びを実現する授業づくりのポイント

　新学習指導要領では、「第3　指導計画の作成と内容の取扱い」において、「数学的活動を通して、生徒の主体的・対話的で深い学びの実現を図るようにすること」が明記されている。

　教師はこうした点に留意し、移行期から数学的活動を一層充実させた授業づくりに取り組むようにしたい。

　この際、「学び」や「活動」といった言葉に惑わされて、子供任せで教師不在の授業にならないよう十分に注意する必要がある。質の高い子供の「学び」や「活動」を生み出すためには、質の高い教師の指導が不可欠である。教師として、グループワークや発表の場面での子供の活気ある取組だけを成果とせず、教えることにしっかりと関わり、「この授業で子供たちは何を学ぶことができるのか」を明確にする姿勢を身に付けたい。

　教師の世代交代が進行中である現在、特に若い世代の教師に意識してもらいたい授業づくりのポイントでもある。

theme 7

評価の観点の趣旨を生かして授業をデザインしよう
[理科] 〈小学校〉

東京大学特任研究員
川上真哉

小学校理科における新しい評価のポイント

(1) 「資質・能力」と「見方・考え方」

小学校理科では、観察、実験などの問題解決の過程を通して資質・能力を育成し、その評価を行うことが基本となる。注意すべきポイントとして、「従来、『科学的な見方や考え方』を育成することを重要な目標として位置付け、資質・能力を包括するものとして示してきた」（小学校学習指導要領〈平成29年告示〉解説理科編）（以下、「解説」）のであるが、「見方・考え方」は「問題解決の活動を通して育成を目指す資質・能力としての『知識』や『思考力、判断力、表現力等』とは異なることに留意が必要」（「解説」）ということがある。つまり、どのような「見方・考え方」を児童（特にB基準に達しない児童）が働かせているか教師は把握し、それに応じた支援をする必要があるが、評価はあくまでも資質・能力で行うということである。

(2) 小学校理科における新しい評価の趣旨

① 「知識・技能」

「自然の事物・現象についての性質や規則性などについて理解しているとともに、器具や機器などを目的に応じて工夫して扱いながら観察、実験などを行い、それらの過程や得られた結果を適切に記録している」（小学校、中学校、高等学校及び特別支援学校等における児童生徒の学習評価及び指導要録の改善等について（通知））（以下、「通知」）かどうかをみるとしている。

② 「思考・判断・表現」

「自然の事物・現象から問題を見いだし、見通しをもって観察、実験などを行い、得られた結果を基に考察し、それらを表現するなどして問題解決している」（「通知」）かどうかをみるとしている。各学年で中心的に育成する問題解決の力として、次の資質・能力がある。

ここで留意すべきは、「これらの問題解決の力は、その学年で中心的に育成するものであるが、実際の指導に当たっては、他の学年で掲げている問題解決の力の育成についても十分に配慮することや、内容区分や単元の特性によって扱い方が異なること、中学校における学習につなげていく」（「解説」）ということである。つまり、他の学年で掲げている問題解決の力についても、単元の指導計画において一定程度位置付け、評価していくことなどが考えられる。

③ 「主体的に学習に取り組む態度」

「自然の事物・現象に進んで関わり、粘り強く、他者と関わりながら問題解決しようとしているとともに、学んだことを学習や生活に生かそうとしている」（「通知」）かどうかをみるとしている。

理科の特質を踏まえた主体的・対話的で深い学びを実現する授業づくりのポイント

評価の観点の趣旨から主体的・対話的で深い学びを実現する授業の具体的な姿が見えてくる。それゆえ、小学校理科においては、目的に応じて機器を選択したり、問題を見いだし表現したり、他者と関わったりする必然性があるなど、評価の観点の趣旨を踏まえた授業をデザインすることが求められる。

具体的な評価に当たっては、単元を通して、観点別学習状況の評価の記録に用いる評価にふさわしい場面を精選することが重要である。

theme 8

学習指導要領解説理科編から探究の過程を十分に読み解く
[理科]〈中学校〉

上越教育大学名誉教授
小林辰至

中学校理科における新しい評価のポイント

(1) 目標で明確に示された資質・能力

　現行の中学校学習指導要領理科の目標では、「見方・考え方」は養うものとして示されている。それに対して、今回の改訂では、目標の柱書きにおいて「物事を捉える視点や考え方」として示された。そして、育成することを目指す資質・能力が、三つの柱に対応させて、「知識・技能」の習得、「思考力・判断力・表現力等」の育成、「学びに向かう力・人間性等」の涵養に書き分けて示された。これにより、理科で育成を目指す資質・能力が一層明確に捉えられるようになった。

(2) 中学校学習指導要領解説理科編の表記を適切に読み解く

　探究する資質・能力の評価に当たって、「解説」の末尾の表記が重要な意味をもつ。今回の改訂では、「見いだして理解する」や「見いだして表現する」と記されている箇所が随所にある。「見いだす」のは、生徒自身である。観察、実験を通して生徒自ら規則性や法則性等を見いだして、表現したり理解したりする探究の過程を重視する、理科の本質に関わる重要な表記である。このような説明がなされている観察、実験については、生徒自身が問題を見いだし、仮説等を立てて見通しをもって問題解決的に取り組み、規則性や法則性等を見いだして表現したり理解したりできるよう、学年の進行に合わせて計画的に指導し、適切に評価することが重要である。

　なお、「理解する」は、教師からある程度、指導を受けながら導かれて理解するという意味で用いられている。また、「知る」は理解までは行かないが、教師からある程度の情報を受け取るという意味である。

　移行措置の期間に中学校学習指導要領解説理科編を熟読して、指導計画と評価の仕方をカリキュラム・マネジメントの視点から考えておくことが大切である。

理科の特質を踏まえた主体的・対話的で深い学びを実現する授業づくりのポイント

　理科の特質は、観察、実験を通して学習を行うことにある。しかし、観察や実験を行えば、主体的・対話的で深い学びになるわけではない。「解説」の図１の脚註に「意見交換や議論の際には、あらかじめ個人で考えることが重要である。また、他者とのかかわりの中で自分の考えをより妥当なものにする力が求められる」と記されているように、生徒一人一人が自分の考えをもてる指導を日常的に行うことが大切である。

　現在用いている教科書に掲載されている観察、実験のそれぞれについて、どのような「理科の見方・考え方」を働かせれば見通しをもって学習に取り組めるかを明確にしておくことが、新学習指導要領の全面実施に向けての、主体的・対話的で深い学びを実現する授業づくりのポイントである。

[参考文献]
- 文部科学省『中学校学習指導要領解説理科編』学校図書、2017年、p.9
- 小林辰至『探究する資質・能力を育む理科教育』大学教育出版、2017年

theme 9

一層の充実が求められる指導と評価の一体化
[生活]〈小学校〉

安田女子大学教授
朝倉　淳

生活科における新しい評価のポイント

　生活科の学習評価は、児童が自らの学習の状況を自覚し、できたことやできなかったことなどを踏まえて次の活動へと向かう励みとなるものでありたい。生活科教育において指導と評価の一体化は従前より大切な考え方であり、資質・能力の育成の観点からも一層の充実が求められる。

　「知識・技能」では、児童が思いや願いを実現する過程において何に気付いたのか、どのような技能を身に付けたのかを見取る。そのような気付きや技能は、思いや願いの実現に向けて活用されることに意味がある。また、そのことが他の学習や実生活にも生きて働くことに留意したい。

　「思考・判断・表現」では、気付きをもとにどのように考え判断したのか、それをどのように表現したり実行したりしたのかが重要である。その過程では、多様な気付きを比較したり分類したりする。また、思いや願いの実現に向けて気付きを関連付けたり実現に向けて具体化したりする。このような思考・判断・表現の中にあるよさを評価するのである。

　生活科における「主体的に学習に取り組む態度」では、意欲や自信をもって学んだり、問題に直面しながらも粘り強く取り組んだりする姿などを評価する。

　このような評価は、それが本人に適切に示されたり学級で共有されたりすることで一人一人の一層の成長につながるものである。

主体的・対話的で深い学びを実現する生活科の授業づくり

　優れた生活科授業は、児童の主体的・対話的で深い学びを実現するような授業である。生活科の学習過程は、具体的な活動や体験を通して児童の思いや願いを実現する過程であるため、主体的に周囲や自己と対話をしながら実際の活動を進めていくものである。その過程において気付きの質が高まるなど、一人一人の学びが深まっていくのである。そのような授業づくりのポイントとして、次の3点を示したい。

①思いや願いが生まれ実現するような環境の構成

　児童の主体的な学びには、思いや願いが欠かせない。生活科の教育内容に関する思いや願いの成立やその実現に向けては、教師による何らかの仕掛けが求められる。適切な環境の構成は、主体的・対話的な学びにつながる有効な仕掛けとなるであろう。

②学級全体のストーリーと個々のストーリーへの着目

　学級を単位として進む単元学習には、学級全体のストーリーが存在する。同時にそれは、児童一人一人のストーリーであることが重要である。児童が学習の過程で示す様々な姿は、個々のストーリーの過程に位置付けて捉えることによって、その意味を理解することができるのである。

③学びの可視化と蓄積

　深い学びの実現には、それまでの学習が生かされることが重要である。そのためには、学びが可視化され蓄積されるような仕組み、例えばファイルやカードの適切な活用などが有効である。一人一人が自らの学びを振り返り、それを活用して進展する授業でありたい。

column

3 学習評価の基本的な枠組みと改善の方向性

(1) 学習評価の基本的な枠組み

○ 学習評価は、学校における教育活動に関し、児童生徒の学習状況を評価するものである。
　現在、各教科の評価については、学習状況を分析的に捉える「観点別学習状況の評価」と、これらを総括的に捉える「評定」の両方について、学習指導要領に定める目標に準拠した評価として実施するものとされており、観点別学習状況の評価や評定には示しきれない児童生徒一人一人のよい点や可能性、進歩の状況については、「個人内評価」として実施するものとされている（図1参照）。また、外国語活動や総合的な学習の時間、特別の教科である道徳、特別活動についても、それぞれの特質に応じ適切に評価することとされている。

〔図1〕

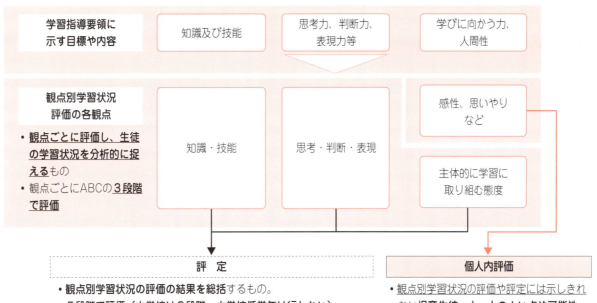

*この図は、現行の取扱いに中教審答申（平成28年12月）の指摘や新しい学習指導要領の趣旨を踏まえて作成したものである。
（中央教育審議会初等中等教育分科会教育課程部会「児童生徒の学習評価の在り方について（報告）」より）

学校教育・実践ライブラリ〈Vol.2〉 23

theme 10

学ぶ楽しさや喜びを実現する指導と評価
［音楽］〈小学校〉

奈良教育大学理事・副学長
宮下俊也

学習評価の基本的な考え方

「今日の負けを次の試合に生かしたい」。敗戦後の選手や監督がよく口にする言葉である。選手はこの試合で至らなかった点や得たことを、監督は自分の采配をそれぞれ評価し、次の勝利に向けて改善を図る。教育における学習指導と評価の関係も同じだ。教師の立場では、評価は児童の学習改善に繋がるもの、教師自身の指導改善に繋がるものとしてその機能を果たさなければならない。このことが「指導と評価の一体化」の意味するところであり、1時間の授業においても、一題材においても、年間指導計画作成などのカリキュラム・マネジメントにおいても言えることである。

小学校音楽科における新しい評価のポイント

新学習指導要領の目標と内容が「知識及び技能」「思考力、判断力、表現力等」「学びに向かう力、人間性等」の三つの柱で整理されたことに対応し、観点別学習状況の評価の観点もそれぞれ「知識・技能」「思考・判断・表現」「主体的に学習に取り組む態度」として示された。これらの観点の趣旨は、「小学校、中学校、高等学校及び特別支援学校等における児童生徒の学習評価及び指導要録の改善等について」(平成31年3月29日に通知) に示されているので参照されたい。

小学校音楽科において特に留意すべき点は、「主体的に学習に取り組む態度」についてである。その趣旨は「音や音楽に親しむことができるよう、音楽活動を楽しみながら主体的・協働的に表現及び鑑賞の学習活動に取り組もうとしている」とある。指導内容に即して、音楽活動を楽しんでいるか、主体的・協働的に学習に取り組もうとしているか、を評価するのだが、この二つが「ながら」という並行を表す接続助詞で繋がっている点が非常に重要だ。

また、小学校音楽科で求める「学びに向かう力、人間性等」には、音楽に対する感性や豊かな情操も含まれる。これらの育成は音楽科の特質として重要な目標ではあるが、一授業や一題材では評価することは難しく、観点別評価としてなじまない。学期や学年を通し、個人内評価としてその変容や成長を見取り、児童に伝えていくことが重要となる。

主体的・対話的で深い学びの実現に向けて

小学校音楽科は、生活や社会の中の音や音楽と豊かに関わる資質・能力の育成を目指す。そのために、音楽的な見方・考え方を働かせ、主体的・対話的で深い学びによって資質・能力の三つの柱を育成していく。

主体的・対話的で深い学びは、「学びに向かう力、人間性等」の涵養のためのみのものではなく、すべての音楽活動を楽しみながら「知識及び技能」「思考力、判断力、表現力等」を身に付けていくために必要となるものである。主体性は楽しい雰囲気と皆と一緒に学んで得た喜びを実感して出現するものである。そのような授業を実現させる指導と、その成果を省察する評価によって、主体的・対話的で深い学びは持続可能なものとなる。

theme 11

主体的・協働的な学びを実現する指導と評価
［音楽］〈中学校〉

奈良教育大学理事・副学長
宮下俊也

学習評価の基本的な考え方

　言うまでもなくPDCAサイクルの循環は教育活動でも不可欠である。1時間の授業、一題材、カリキュラム・マネジメント等、どれも計画を立て（Plan）、実践し（Do）、検証し（Check）、改善を図る（Action）。授業中、優れた教師は常に生徒の学習状況を目標に照らして見取り、その結果に基づいて次の手立てを瞬時に決定している。つまりDoとCheckとActionをもの凄い速さで循環させ一体化させている。学習評価は生徒の学習改善と、教師自身の指導改善のために行われるものであり、PDCAを確実に循環させることは、指導と評価を一体化させることと等しい。

中学校音楽科における新しい評価のポイント

　新学習指導要領の目標と内容が「知識及び技能」「思考力、判断力、表現力等」「学びに向かう力、人間性等」の三つの柱で整理されたことに対応し、観点別学習状況の評価の観点もそれぞれ「知識・技能」「思考・判断・表現」「主体的に学習に取り組む態度」として示された。これらの観点の趣旨は、「小学校、中学校、高等学校及び特別支援学校等における児童生徒の学習評価及び指導要録の改善等について」（平成31年3月29日に通知）に示されている。

　中学校音楽科において特に留意すべき点は、「主体的に学習に取り組む態度」についてである。その趣旨は「音や音楽、音楽文化に親しむことができるよう、音楽活動を楽しみながら主体的・協働的に表現及び鑑賞の学習活動に取り組もうとしている」とある。指導内容に即して、音楽活動を楽しんでいるか、主体的・協働的に学習に取り組もうとしているか、

を評価するのだが、この二つが「ながら」という並行を表す接続助詞で繋がっている点が非常に重要だ。

　また、中学校音楽科で求める「学びに向かう力、人間性等」には、音楽に対する感性や豊かな情操も含まれる。これらの育成は音楽科の特質として重要な目標ではあるが、一授業や一題材では評価することは難しく、観点別評価としてなじまない。学期や学年を通し、個人内評価としてその変容や成長を見取り、生徒に伝えていくことが重要となる。

主体的・対話的で深い学びの実現に向けて

　中学校音楽科は、生活や社会の中の音や音楽、音楽文化と豊かに関わる資質・能力の育成を目指す。そのために、音楽的な見方・考え方を働かせ、主体的・対話的で深い学びによって資質・能力の三つの柱を育成していく。

　主体的な学びは、「音楽を学ぶ意味」が生徒に納得されていなければ生まれない。また学習活動そのものが楽しくなければ実現しない。楽しさは、「知識及び技能」「思考力、判断力、表現力等」を働かせて音楽と関わることでより深く実感できる。

　その時、音楽とじっくり対話したり、工夫の仕方や感じ方など答えが一つとは限らないことについて仲間と交流したりする協働的な学習も楽しさを生み、主体的で深い学びを導く。教師はそのような授業を仕組まなければならない。もちろん指導と評価を一体化させて。

theme 12

子供の主体的な活動を支援する指導と評価
[図画工作] 〈小学校〉

北海道教育大学教授
阿部宏行

図画工作科における新しい評価のポイント

　指導と評価の一体化の観点から、目標を明確にし、題材ごとに「指導事項」を設定するとともに、子供の主体的な学びになるよう指導を工夫することが大切である。

　文部科学省の「評価の観点及びその趣旨〈小学校 図画工作〉」*では、「知識・技能」を「対象や事象を捉える造形的な視点について自分の感覚や行為を通して理解している。／材料や用具を使い、表し方などを工夫して、創造的につくったり表したりしている」として、理解して技能を身に付けたり、身に付けてから理解したりすることを評価の観点としている。これは、教科の目標（1）、学年目標（1）、[共通事項]アなどのA表現とB鑑賞での「知識」を示している。A表現の「技能」は「できる」の他に「表し方を工夫している」や、造形遊びでは「活動を工夫してつくる」などで示されている。

　「思考・判断・表現」は「形や色などの造形的な特徴を基に、自分のイメージをもちながら、造形的なよさや美しさ、表したいこと、表し方などについて考えるとともに、創造的に発想や構想をしたり、作品などに対する自分の見方や感じ方を深めたりしている」とし、これまでの発想や構想の能力と、鑑賞の能力を育成し評価することになる。目標では発想や構想の能力が「思い付く、見付ける、考える」と表され、鑑賞の能力が、「感じ取る、広げる、深める」で示されている。また、鑑賞の活動では、見ることから、発想が生まれるなどの思考との関わりがあるので、目標に「感じ取る、考える」と鑑賞の能力と発想や構想の能力が併記されている。

　「主体的に学習に取り組む態度」は「つくりだす喜びを味わい主体的に表現及び鑑賞の学習活動に取り組もうとしている」として示された。「学びに向かう力・人間性等」については授業場面で評価ができるような「主体的に学習に取り組む態度」を観点としている。他の観点と同列に評価することになじまない感性や思いやりなどは、複数の題材を通したり、学期を通して見取ったりして「個人内評価」に記載するとしている。目標の実現に向けて指導があり、学習の実現状況を分析的に評価するのが観点別評価である。

図画工作科の特質を踏まえた主体的・対話的で深い学びを実現する授業づくりのポイント

　従前には「作品」による評価を優先してきた時代もあったが、今教師に求められているのは、子供の主体的な活動となるように支援する「指導の工夫」とともに「活動や行為にみる子供のよさや可能性を見取る評価」である。そのためには育成する資質・能力を明確にした「指導事項」を設定するとともに、対話的に学ぶ環境の設定や材料、用具の準備など「指導の工夫」に配慮した授業づくりである。評価方法は、表現や鑑賞をしている子供の仕草やつぶやきなどの観察による見取り、活動を画像に残すなどして、子供の姿から複数の評価情報を得た上で判断することである。

＊　文部科学省「小学校、中学校、高等学校及び特別支援学校等における児童生徒の学習評価及び指導要録の改善等について（通知）」平成31（2019）年3月29日

theme 13

生徒一人一人の学習の進捗を見据えた評価
[美術]〈中学校〉

兵庫教育大学名誉教授
福本謹一

美術科における新しい評価のポイント

　美術の学習指導と評価の一体化を確実にするためには、新学習指導要領に指導事項として示された学習状況を踏まえて個々の生徒の学習の進捗状況を適正に評価する必要がある。実現状況が不十分な場合には個別的指導を展開して、生徒すべてが学習目標の実現を目指すことが重要である。新学習指導要領では、教育課程全体で、目標や内容が育成する資質・能力の三つの柱で整理された。美術科では、これらの柱に対応するように、観点別学習状況評価の観点が示され、それらに基づいた確かな評価が求められる。

　「知識・技能」について、「知識」は〔共通事項〕、「技能」は「A表現」(2)（創造的に表す技能）の指導事項に、また「思考・判断・表現」については、「A表現」(1)（発想や構想）及び「B鑑賞」(1)（鑑賞）の指導事項に位置付けられている。〔共通事項〕は、「A表現」及び「B鑑賞」の学習において造形的な視点を豊かにするために造形の要素に着目して部分を見ることと、全体を大きく見て捉えることを理解しているかどうかが評価のポイントとなる。「発想や構想」に関しては、主題や表現の意図に応じて様々な技法を用いるなど工夫をして自分なりの表現方法を見つけ出しているかどうかがポイントとなる。「鑑賞」では、美術（自然美を含む）や美術文化に対する見方や感じ方を深めることが大切である。

　資質・能力の柱の一つである「学びに向かう力、人間性等」に関しては、「主体的に学習に取り組む態度」の観点について「A表現」及び「B鑑賞」、〔共通事項〕を指導する中で一体的、総合的に評価するものであり、感性、情操など観点別学習状況の評価になじまないものについては、個人内評価とするものである。

美術科の特質を踏まえた「主体的・対話的で深い学び」を実現する授業づくりのポイント

　今回の美術科の学習指導要領の改訂では、教科の特質を反映した「造形的な見方・考え方」を示したこと、「主題を生み出す」ことを「A表現」(1)のア、イの両方で示したこと、〔共通事項〕を造形的な視点を豊かにするための知識として整理したことなどが特徴である。こうした点に留意しながら、学習評価を有意味なものとする前提として、「主体的・対話的で深い学び」の視点からの授業の改善努力が求められている。

　「主体的な学び」では特に日常的気付きや主題の創出が鍵となる。「対話的な学び」では、相互鑑賞や対話型鑑賞法など生徒相互の関わりを表現、鑑賞の双方で生かすことが重要である。「深い学び」の実現に向けては、試行錯誤過程を組み込んだ造形的課題解決を図ることが大切である。

　美術科は、「造形的な見方・考え方」を働かせるとともに、感性や想像力を育む唯一の教科でもある。このような教科の特質を反映した学習指導を徹底することによって資質・能力の育成を軸にした教育課程の全体性と健全性が確保されるのである。そのためにも「主体的・対話的で深い学び」の視点からの指導改善と信頼性、妥当性のある評価を一体的に実現する必要がある。

theme 14

「生活をよりよくしようと工夫する」資質・能力を踏まえた評価と指導
[家庭]〈小学校〉

佐賀大学大学院教授
岡　陽子

家庭科における新しい評価のポイント

　新学習指導要領では、各教科の目標及び内容の示し方が資質・能力ベースへと大きく変わった。家庭科の目標においても、目指す資質・能力を「生活をよりよくしようと工夫する」とし、この資質・能力の三つの柱として「知識及び技能」「思考力、判断力、表現力等」「学びに向かう力、人間性等」が具体的に示された。

　これらに基づき、評価の観点は「知識・技能」「思考・判断・表現」「主体的に学習に取り組む態度」の3観点となった。その趣旨は下表のとおりである。目標に準拠して観点別に評価を行う基本的な評価の枠組みは従前と同様であるが、観点「思考・判断・表現」の趣旨に見られるように、問題解決的な学習を重視し、そのプロセスにおける各観点の実現状況の把握が求められている。例えば、観点「知識・技能」においては、個別の知識・技能とともに活用できる知識（概念）・技能の評価も必要となる。また、観点「主体的に学習に取り組む態度」については、学習への粘り強い取組と学習の自己調整の2側面から評価することが求められている。

　これらを踏まえ、今後は、適切な場面設定や概念把握のためのワークシートやペーパーテストの工夫、知識・技能の総合的な活用力を評価するパフォーマンス評価、学習履歴に基づく児童の振り返り及び学習の見通しを活性化するポートフォリオ評価等の充実が重要と言える。

家庭科の特質を踏まえた主体的・対話的で深い学びを実現する授業づくりのポイント

　目指す資質・能力を育むためには、学習評価を児童の学習改善や教師の指導改善につなげ、よりよい授業づくりを目指す必要がある。すなわち、指導と評価の一体化の観点から、一人一人の学習の成立を促す授業づくりが重要であろう。特に、児童の主体的な取組が学びを活性化し、他者と交わりながら深い思考を生み出すことにつながると考える。

　そのためには、児童自身が生活を見つめることで自分の学習課題をつかみ、見通しをもって考え、課題解決に向けて実践する問題解決的な学習の充実とともに、その実践を評価・改善し、次の新たな課題につなぐことのできる授業づくりを目指したい。

小学校家庭　評価の観点及びその趣旨

観点	知識・技能	思考・判断・表現	主体的に学習に取り組む態度
趣旨	日常生活に必要な家族や家庭、衣食住、消費や環境などについて理解しているとともに、それらに係る技能を身に付けている。	日常生活の中から問題を見いだして課題を設定し、様々な解決方法を考え、実践を評価・改善し、考えたことを表現するなどして課題を解決する力を身に付けている。	家族の一員として、生活をよりよくしようと、課題の解決に主体的に取り組んだり、振り返って改善したりして、生活を工夫し、実践しようとしている。

[引用・参考文献]
文部科学省「小学校、中学校、高等学校及び特別支援学校等における児童生徒の学習評価及び指導要録等の改善等について（通知）」2019年

theme 15

「生活を工夫し創造する」
資質・能力を踏まえた評価と指導
［技術・家庭（家庭分野）］〈中学校〉

佐賀大学大学院教授
岡　陽子

家庭分野における新しい評価のポイント

新学習指導要領では、各教科の目標及び内容の示し方が資質・能力ベースへと大きく変わった。技術・家庭科家庭分野の目標においても、目指す資質・能力を「よりよい生活の実現に向けて、生活を工夫し創造する」とし、この資質・能力の三つの柱として「知識及び技能」「思考力、判断力、表現力等」「学びに向かう力、人間性等」が具体的に示された。

これらに基づき、評価の観点は「知識・技能」「思考・判断・表現」「主体的に学習に取り組む態度」の3観点となった。その趣旨は下表のとおりである。目標に準拠して観点別に評価を行う基本的な評価の枠組みは従前と同様であるが、観点「思考・判断・表現」の趣旨に見られるように、問題解決的な学習を重視し、そのプロセスにおける各観点の実現状況の把握が求められている。例えば、観点「知識・技能」においては、個別の知識・技能とともに活用できる知識（概念）・技能の評価も重要となる。また、観点「主体的に学習に取り組む態度」については、学習への粘り強い取組と学習の自己調整の2側面から評価することが求められている。

これらを踏まえ、今後は、適切な場面設定や概念把握のためのワークシートやペーパーテストの工夫、知識・技能の総合的な活用力を評価するパフォーマンス評価、学習履歴に基づく生徒の振り返り及び学習への見通しを活性化するポートフォリオ評価等の充実が重要と言える。

家庭分野の特質を踏まえた主体的・対話的で深い学びを実現する授業づくりのポイント

目指す資質・能力を育むためには、学習評価を生徒の学習改善や教師の指導改善につなげよりよい授業づくりを目指す必要がある。すなわち、指導と評価の一体化の観点から、一人一人の学習の成立を促す授業づくりが重要であろう。特に、生徒の主体的な取組が学びを活性化し、他者と交わりながら深い思考を生み出すことにつながると考える。

そのためには、生徒自身が生活の中から自分の学習課題をつかみ、見通しをもって考察し課題解決に向けて実践する問題解決的な学習の充実とともに、その実践を評価・改善し、次の新たな課題につなぐことのできる授業づくりを目指したい。

中学校技術・家庭（家庭分野）　評価の観点及びその趣旨

観点	知識・技能	思考・判断・表現	主体的に学習に取り組む態度
趣旨	家族・家庭の基本的な機能について理解を深め、生活の自立に必要な家族・家庭、衣食住、消費や環境などについて理解しているとともに、それらに係る技能を身に付けている。	これからの生活を展望し、家族・家庭や地域における生活の中から問題を見いだして課題を設定し、解決策を構想し、実践を評価・改善し、考察したことを理論的に表現するなどして課題を解決する力を身に付けている。	家族や地域の人々と協働し、よりよい生活の実現に向けて、課題の解決に主体的に取り組んだり、振り返って改善したりして、生活を工夫し創造し、実践しようとしている。

[引用・参考文献]
文部科学省「小学校、中学校、高等学校及び特別支援学校等における児童生徒の学習評価及び指導要録等の改善等について（通知）」2019年

技術分野の学習過程に即した多様な評価と学習課題の設定
[技術・家庭（技術分野）]〈中学校〉

福岡教育大学特命教授
古川　稔

技術分野における新しい評価のポイント

　学習評価は、子供たちの学習改善や教師の指導改善につながり、学校教育全体の授業改善及び組織運営の改善につながるものでなければならない。平成29年に改訂された学習指導要領では、育成を目指す資質・能力が三つの柱に整理され、それに対応して教科の目標も3項目に再整理された。また、目標に準拠した評価をさらに進めるため、評価の観点が従来の4観点から「知識・技能」「思考・判断・表現」「主体的に学習に取り組む態度」の3観点に改められた。

　技術分野の学習過程は、既存の技術の理解、問題の発見と課題の設定、設計・計画、製作・制作・育成、結果や過程の評価、将来の技術の在り方の考察の順序で進められる。

　技術分野の学習では実践的・体験的な活動が重視されるため、これまでもパフォーマンス評価がよく実施されてきた。その際、製作品等の完成度だけでなく、学習過程の項目についての発表や討論等を取り入れた評価を行うことが、学習指導要領解説の「技術分野 資質・能力系統表」の各項目についての適切な評価につながるものと考える。

技術分野の特質を踏まえた主体的・対話的で深い学びを実現する授業づくりのポイント

　主体的な学びは、学ぶことに興味や関心をもち、自己のキャリア形成の方向性と関連付けながら、見通しをもって粘り強く取り組み、自己の学習活動を振り返って次につなげる学びである。技術分野では、子供たち自らに生活や社会の中から問題を見いださせ、技術的に解決できる課題を設定させることが、学ぶことに対して強い興味や関心をもたせる有効な手段であり、主体的な学びにつながるものと思われる。

　対話的な学びは、子供同士の協働、教職員や地域の人との対話、先哲の考え方を手掛かりに考えること等を通じ、自己の考えを広げ深めることである。技術分野では、既製品の分解等の活動を通して、その時代の背景等も考慮して開発者の意図を読み取ることが、自己の考えを広げ深める有効な手段であると思われる。

　深い学びは教科ならではの学びであり、教科の見方・考え方を働かせながら、知識を相互に関連付けてより深く理解し、情報を精査して考えを形成し、問題を見いだして解決策を考え、思いや考えを基に創造する学びである。

　技術分野の深い学びは、「より便利に、安全に、環境に優しく、安価にといった視点で、生活や社会の中から技術により解決すべき問題を見いだし、課題を設定すること」「使い手と作り手の立場で、作る場面、使う場面、廃棄する場面、トラブルの場面等を想定し、最適化について考えること」「解決策を具体化し、解決活動を行うこと」「解決結果や過程を振り返って評価すること」で構成される。

　これらの学習を経ることにより、「生活や社会における問題を技術的に解決する能力」の育成が達成できるものと考える。

column

イ）「主体的に学習に取り組む態度」の評価の基本的な考え方

○　本観点に基づく評価としては、「主体的に学習に取り組む態度」に係る各教科等の評価の観点の趣旨に照らし、①知識及び技能を獲得したり、思考力、判断力、表現力等を身に付けたりすることに向けた粘り強い取組を行おうとする側面と、②①の粘り強い取組を行う中で、自らの学習を調整しようとする側面、という二つの側面を評価することが求められる。

○　ここで評価の対象とする学習の調整に関する態度は必ずしも、その学習の調整が「適切に行われているか」を判断するものではなく、それが各教科等における知識及び技能の習得や、思考力、判断力、表現力等の育成に結び付いていない場合には、それらの資質・能力の育成に向けて児童生徒が適切に学習を調整することができるよう、その実態に応じて教師が学習の進め方を適切に指導するなどの対応が求められる。その際、前述したような学習に関する自己調整にかかわるスキルなど、心理学や教育学等における学問的知見を活用することも有効である。

なお、学習の調整に向けた取組のプロセスには児童生徒一人一人の特性があることから、特定の型に沿った学習の進め方を一律に指導することのないよう配慮することが必要であり、学習目標の達成に向けて適切な評価と指導が行われるよう授業改善に努めることが求められる。

[図2]

「主体的に学習に取り組む態度」の評価のイメージ

児童生徒の学習評価の在り方について（これまでの審議の整理について）において

○　「主体的に学習に取り組む態度」の評価については、「①知識及び技能を獲得したり、思考力、判断力、表現力等を身に付けたりすることに向けた粘り強い取組を行おうとしている側面と、②①の粘り強い取組の中で、自らの学習を調整しようとしている側面という二つの側面が求められる。」とされている。

○　これら①②の姿は実際の教科等の中では別々ではなく相互に関わり合いながら立ち現れるものと考えられる。例えば、自らの学習を全く調整しようとせず粘り強く取り組み続ける姿や、粘り強さが全くない中で自らの学習を調整する姿は一般的ではない。

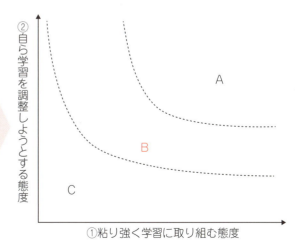

（中央教育審議会初等中等教育分科会教育課程部会「児童生徒の学習評価の在り方について（報告）」より）

人間性に関する指導内容と評価に注目
[体育]〈小学校〉

日本体育大学教授
岡出美則

体育科における新しい評価のポイント

　小学校の体育科は、運動領域と保健領域で構成されている。運動領域の指導内容は 1) 知識及び技能（体つくり運動は知識及び運動）、2) 思考力、判断力、表現力等、3) 学びに向かう力、人間性等で構成されている。これに対し保健領域のそれは、1) 知識及び技能（3・4年生は知識）、2) 思考力、判断力、表現力等で構成されている。
　観点別評価の観点として1) 知識・技能、2) 思考・判断・表現、3) 主体的に学習に取り組む態度が示されたが、三つの指導内容と評価の観点を対応させる必要がある。特に、体育は、人間性に関する指導内容が示された唯一の教科であることを意識する必要がある。人間性に対応する指導内容は、観点別評価の三つの観点には対応していない。しかし、そこでの評価は指導内容に即してなされる必要がある。

体育科の特質を踏まえた主体的・対話的で深い学びを実現する授業づくりのポイント

　評価は、児童の学習成果や授業の改善に寄与することが求められる。そのため指導と評価の一体化を図るためには、指導内容に対応した評価法の選択と評価する場面を意図的に設定する必要がある。例えば、観点別評価の各観点に即して、事前に児童のつまずきやその改善方法を想定しておくことである。この点で参考になるのは、学習指導要領解説体育編に示されている例示項目である。
　それらは、各指導内容で期待する学習成果の例といえる。加えて、知識及び技能に関しては運動が苦手な児童への配慮の例が、また、学びに向かう力、人間性等に関しては運動に意欲的でない児童への配慮の例が示されている。これらの例は、学習活動に即した評価規準を記す際の参考となる。そのため、単元計画ならびに本時案の作成に際しては、これらを参考に学習活動に即した評価規準を検討するとともに、児童のつまずきを踏まえた教師の支援について予め検討しておくことが求められる。
　しかし、実際には、限られた時間内ですべての児童の学習活動を把握することは容易ではない。この問題を解決していくには、教師と児童の間で評価規準や評価の手続きを共有していくことが効果的である。授業の最初に本時のねらいを児童に確認し、授業のまとめの場面でそのねらいに即して児童の自己評価や他者評価を確認するとともにそれらと教師の評価をすりあわせていくことは、その例である。
　加えて、共有化された評価規準に即して自己評価や他者評価を児童に求めることは、児童自身が学習に責任感をもって取り組むことを促すことになる。また、仲間や教師からの肯定的な評価を受けることで、仲間や教師に受け入れられているという肯定的な感情をもちやすくなる。さらに、自己評価や他者評価を介して児童は、自身の考えていることをまとめたり、表現する機会を得ることが可能になる。
　資質・能力の確かな保証という観点からの授業改善に向けた形成的な評価という視点から、評価を位置付けたいものである。

theme 18

評価の観点の読み取りと捉え直しから保健体育科の授業をつくる
[保健体育]〈中学校〉

日本体育大学教授
今関豊一

保健体育科における新しい評価のポイント

評価のポイントとして次のものが挙げられる。
①「知識・理解」と「技能」がひとまとまりになり、「知識・技能」となったこと：体育分野にとって、「知識」と「技能」がまとめられたことは、単に「体育理論」のみを「知識」とするのではなく、「運動の特性に応じた基本的な技能」についても、身に付ける動きとその理由を「知識」として明確化することが求められよう。
②保健分野に「技能」に関するものが示されたこと：保健分野の「技能」に関する部分は、「ストレスへの対処」と「応急手当」である。
③「思考・判断」が「思考・判断・表現」となったこと：「表現」は、「それらを他者に伝えている」である。そこで対話の対象を「他者、書物など」に加えて「自分自身」を位置付けておきたい。「思考・判断したこと」を「他者に伝える」には、自分自身との対話（振り返り）を欠くことができないからである。
④「関心・意欲・態度」が「主体的に学習に取り組む態度」となったこと：ここで求められているのは、「粘り強い取組」と「自らの学習を調整」である。特に、「学習改善に向かって」「自己の感情や行動を統制」したり、「自らの思考過程等を客観的に捉える力（いわゆるメタ認知）など、学習に関する自己調整」したりすることに焦点を当てることである。

評価の観点の捉え直しによる授業づくりのポイント

例えば、態度の指導と評価は、表2に示す思考・判断・表現の側面で、思考過程を客観的に捉える場面に、粘り強い取組で向かう姿を評価することがある。三つの観点を関連させて授業づくりをすることが重要となろう。

表1　評価の観点及びその趣旨

	保健体育科
知識・技能	運動の合理的な実践に関する具体的な事項や生涯にわたって運動を豊かに実践するための理論について理解しているとともに、運動の特性に応じた基本的な技能を身に付けている。また、個人生活における健康・安全について科学的に理解しているとともに、基本的な技能を身に付けている。
思考・判断・表現	自己や仲間の課題を発見し、合理的な解決に向けて、課題に応じた運動の取り組み方や目的に応じた運動の組み合わせ方を工夫しているとともに、それらを他者に伝えている。また、個人生活における健康に関する課題を発見し、その解決を目指して科学的に思考し判断しているとともに、それらを他者に伝えている。
主体的に学習に取り組む態度	運動の楽しさや喜びを味わうことができるよう、運動の合理的な実践に自主的に取り組もうとしている。また、健康を大切にし、自他の健康の保持増進や回復についての学習に自主的に取り組もうとしている。

表2　「体つくり運動」（イ）巧みな動きを高めるための運動の指導と評価（例）

知識・技能	思考・判断・表現			
	状況把握	課題設定	課題追究	課題解決
（例示） ・馬跳び、馬の下くぐり	・見付ける ・伝える ・協力①（記録をとる、話す）	・選ぶ	・修正する ・計画する ・協力②（伝える、話合う）	・方向性を見いだす
主体的に学習に取り組む態度				
（例）協力する　・仲間と助け合うこと				

[参考文献]
・中央教育審議会「児童生徒の学習評価の在り方について（報告）」平成31年1月21日
・文部科学省「小学校、中学校、高等学校及び特別支援学校等における児童生徒の学習評価及び指導要録の改善等について（通知）」平成31年3月29日

theme 19

パフォーマンス活動を通した「思考・判断・表現」の評価がポイント!
［外国語活動・外国語］〈小学校〉

大阪樟蔭女子大学
菅　正隆

外国語活動・外国語科における新しい評価のポイント

　2020年度より、新学習指導要領が全面実施され、中学年では領域としての「外国語活動」が年間35時間行われ、高学年では教科としての「外国語」が年間70時間行われる。これを踏まえ、評価も大きく変更されることとなった。

（1）外国語活動での評価のポイント

　中学年における外国語活動の評価は、現行の高学年で行われている外国語活動と同様、文章表記となる。しかし、現行の評価の観点とは大きく異なり、「知識・技能」「思考・判断・表現」「主体的に学習に取り組む態度」の3点から評価することになる。その中でも特に重視すべき観点は「思考・判断・表現」で、従来の授業中の活動などをただ見取るだけではなく、やり取りや発表の場を多く設定し、その中で、どの程度目標に近付いているかを見取りながら評価していくことが求められる。いわゆるパフォーマンス活動を通したパフォーマンス評価である。そのためには、スピーチやショー・アンド・テル、スキットや劇など、子供たちが主体的にアウトプットする状況を設定しなければならない。しかし、あくまでも領域であることから、「できる」「できない」ではなく、高学年の教科につなぐためにも、形成的評価も加えながら、子供たちが前向きになれる評価をしていくことである。

（2）外国語での評価のポイント

　高学年は教科となることから、評価規準により3段階の評定を下していかなければならない。
　そのためには、外国語活動と同様、パフォーマンス活動を設定し、目標に照らし合わせて、例えば、「かなりできている」「できている」「できていない」に判断していかなければならない。そのためには、子供個々の評価の判断材料を収集しておく必要がある。例えば、スピーチの際のビデオ、スキットの下書き、書き写しの作品、聞き取りテストなどを証拠として、それらを基に評価をしていくことになる。ただし、中学校に入学する前に英語嫌いを生み出したのでは、小学校に外国語を導入した趣旨に反することから、あくまでも、「英語は楽しい」「英語をもっと勉強したい」と思わせるような評価を心がけることが大切である。

主体的・対話的で深い学びを実現する授業づくりのポイント

　外国語活動・外国語科においては、ペアワークやグループ活動は当然のように行われている。ペアワークでは、語彙・表現の練習やスキットの練習を行うことで、相手の発音やリズムを知り、自ら改善しようとする作用が働き、一方、相手が間違った発音や表現をした場合には、直してあげることで、さらに思考力や判断力が増すことになる。また、グループ活動では、例えば発表などで、それぞれ役割を分担して責任をもたせ（活動ごとにローテーションをさせることが重要）、自立した学習者に育てるとともに、子供たちの中で互いにアドバイスをしたり、評価をし合うことで、自分の気付いていないことに気付かせたり、新たな知識を得る機会にもなる。つまり、外国語活動・外国語は、積極的に他者と交わらせることで、一人一人の個性の良さを共有化させて、深い学びへと誘（いざな）うことができるのである。

theme 20

「知識・技能」を活用した
コミュニケーション能力の育成
［外国語］〈中学校〉

大阪樟蔭女子大学
菅　正隆

外国語科における新しい評価のポイント

　現在、文部科学省においては、2021年度から使用される中学校外国語の教科書の検定作業が行われている。新教科書が使用され始める時と同じくして新学習指導要領が全面実施され、新しい評価観に立った指導及び評価が行われることになる。

○外国語での評価のポイント

　現行の学習指導要領では、①「コミュニケーションへの関心・意欲・態度」、②「外国語表現の能力」、③「外国語理解の能力」、④「言語や文化についての知識・理解」の４観点から評価を行っている。ただし、②と③については、「技能」のみではなく、「思考力・判断力・表現力等」も含まれていることが前提となっている。しかし、未だに知識や技能が中心で、生徒の思考力や判断力、表現力が向上されていないとの意見も多く出されている。そこで、新学習指導要領では、大きく評価の観点を変え、①「知識・技能」（〜することができる）、②「思考・判断・表現」（〜している。〜できる）、③「主体的に学習に取り組む態度」（〜しようとしている）の三つの観点にまとめられている。①の「知識・技能」は、従来のように評価の中心に置くのではなく、実際にコミュニケーションを図る際の下支えとしての知識・技能として習得されるべきもので、単にこれらを評価するものではない。したがって、評価の軽重を考えれば、②の「思考・判断・表現」を中心に評価していくことが必要になる。これを評価するためには、生徒に基礎的な知識・技能が備わり、それらを基に、コミュニケーションを図る際に、思考しながら判断し、表現しているかどうかを評価することになる。

そのために、様々なパフォーマンス活動（スピーチ、プレゼンテーション、ディベート、スキット、作文等）を行い、生徒から表出される表現等を評価していくことになる（パフォーマンス評価）。したがって、いくら単語や表現を知っていたとしても、活用できないのであれば、ただの「宝の持ち腐れ」になってしまう。

主体的・対話的で深い学びを実現する授業づくりのポイント

　外国語では新しい評価観の考え方から、教師中心の授業から生徒中心の授業に転換することが求められている。一方的な教師側からの講義では、生徒の生きる力や学力を向上させることはもはや期待できない。そこで、取り入れられたのが主体的・対話的で深い学び（アクティブ・ラーニング）の指導である。これは、外国語の授業では他教科と異なり、普段からペアワークやグループ活動などをふんだんに取り入れ、生徒のコミュニケーション能力を向上させてきた経緯がある。しかし、まだまだパターンプラクティスや暗記に偏り、生徒自身が課題を見つけ、自らその課題を解決するような状況が授業に組み込まれていないのが現状である。そこで、ペアやグループでの活動の中で、生徒同士が「考える場面」「様々な表現を工夫する場面」「意見を闘わせる場面」など、主体的に活動する場面を設定することが必要となる。これらを成功させるためには、あくまでも、基礎・基本としての知識や技能が備わっていないと、ただの発展性のない「ピーチクパーチク」の活動になってしまい、深い学びとはほど遠いものとなる。この点にも注意を払いたいものである。

学校教育・実践ライブラリ〈Vol.2〉　35

theme 21

「主体的・対話的で深い学び」の道徳授業づくりと評価
[特別の教科　道徳]〈小学校〉

秋田公立美術大学教授
毛内嘉威

小学校道徳科における新しい評価のポイント

　道徳科における資質・能力は、人間としてよりよく生きようとする人格的特性であり、道徳的判断力、道徳的心情、道徳的実践意欲及び態度を諸様相とする道徳性（内面的資質）である。道徳性は人格全体に関わるものであり、数値による評価はしない。

　道徳科における評価とは、児童を評定するための評価ではない。道徳教育の評価と同様に、教師が児童一人一人の人間的な成長を見守り、児童自身の自己のよりよい生き方を求めていく努力を評価し、それを勇気付ける働きをもつことが求められている。

　教師は、道徳科において児童の学習状況や道徳性に係る成長の様子を様々な方法で捉えて、個々の児童の成長を促すとともに、それによって自らの指導を評価し改善に努めることが大切である。

　下記は道徳科の評価の在り方を示したものである。

- 数値による評価ではなく、記述式とすること
- 道徳性の諸様相を分節し、学習状況を分析的に捉える観点別評価は、妥当ではないこと
- 学習活動を適切に設定しつつ、学習活動全体を通して見取ること
- 個々の内容項目ごとではなく、大くくりなまとまりを踏まえた評価とすること
- 他の児童との比較による評価ではなく、児童がいかに成長したかを積極的に受け止めて認め、励ます個人内評価として行うこと
- 内容項目について単に知識として観念的に理解させるだけの指導や、特定の考え方に無批判に従わせるような指導であってはならないこと
- 道徳科の学習状況の評価は、道徳科の学習活動に着目し、年間や学期といった一定の時間的なまとまりの中で、児童の学習状況や道徳性に係る成長の様子を把握すること
- 特に、「多面的・多角的な見方へと発展しているか」「道徳的価値の理解を自分自身との関わりの中で深めているか」といった点を重視すること

　道徳科の評価では、授業において児童に考えさせることを明確にして、道徳科の目標に掲げる学習活動における具体的な取組状況を、一定のまとまりの中で、児童が学習の見通しを立てたり学習したことを振り返ったりする活動を適切に設定しつつ、学習活動全体を通して見取ることが求められる。

道徳科の特質を踏まえた主体的・対話的で深い学びを実現する授業づくりのポイント

　道徳科が目指す「主体的・対話的で深い学び」を実現する授業づくりのためには、目標の中にある四つの学習が含まれていることが大事である。

①道徳的価値を考える学習	〔深い学び〕
②自己を見つめる学習	〔主体的な学び〕
③多面的・多角的に考える学習	〔対話的な学び〕
④自己の生き方について考える学習	〔深い学び〕

　児童にとっての「主体的な学び」の姿とは、自らの考えをもち、考えを発言したり、書いたり、ときには教材や教具を使って表現したりするような真剣に考える姿である。「対話的な学び」の姿とは、友達や教師等と話し合ったり、ときには自分の心の中で自問自答したりする姿であり、ねらいとする道徳的価値について教師が明確な意図をもって授業を行うことが「深い学び」となり、児童の道徳性を育むことができる。

　道徳科における「主体的・対話的で深い学び」が「考え、議論する」道徳であり、相互に関わり合いながら道徳性を養っていく。

主体的な学び：	・問題意識をもつ　・自分自身との関わりで考える　・自らを振り返る
対話的な学び：	・協働し、対話する　・多面的・多角的に考える　・学級経営の充実を図る
深 い 学 び：	・道徳的価値を基に考える　・自己の生き方について考える

theme 22

人間としての生き方を多面的・多角的に考えさせる指導と評価
［特別の教科　道徳］〈中学校〉

秋田公立美術大学教授
毛内嘉威

中学校道徳科における新しい評価のポイント

　道徳科における評価とは、生徒を評定するための評価ではない。道徳教育の評価と同様に、教師が生徒一人一人の人間的な成長を見守り、生徒自身の自己のよりよい生き方を求めていく努力を評価し、それを勇気付ける働きをもつことが求められている。道徳科の評価は、指導に生かされ、生徒の成長につながる評価である。さらに言えば、教師が授業改善を行うための資料となる評価であり、生徒のよい点や成長の様子などを積極的に捉え、認め励ます評価（指導と評価の一体化）と言える。下記は道徳科の評価の在り方を示したものである。

- 数値による評価ではなく、記述式とすること
- 道徳性の諸様相を分節し、学習状況を分析的に捉える観点別評価は、妥当ではないこと
- 学習活動を適切に設定しつつ、学習活動全体を通して見取ること
- 個々の内容項目ごとではなく、大くくりなまとまりを踏まえた評価とすること
- 他の生徒との比較による評価ではなく、生徒がいかに成長したかを積極的に受け止めて認め、励ます個人内評価として行うこと
- 内容項目について単に知識として観念的に理解させるだけの指導や、特定の考え方に無批判に従わせるような指導であってはならないこと
- 道徳科の学習状況の評価は、道徳科の学習活動に着目し、年間や学期といった一定の時間的なまとまりの中で、生徒の学習状況や道徳性に係る成長の様子を把握すること
- 特に、「多面的・多角的な見方へと発展しているか」「道徳的価値の理解を自分自身との関わりの中で深めているか」といった点を重視すること

　生徒が行う自己評価や相互評価については、教師が行う評価活動ではないが、生徒が自身のよい点や可能性に気付くことを通じ、主体的に学ぶ意欲を高めることなど、学習の在り方を改善していくことに役立つものであり、これらを効果的に活用し学習活動を深めていくことも重要である。年度当初に自らの課題や目標を捉えるための学習を行ったり、年度途中や年度末に自分自身を振り返る学習を工夫したりすることも考えられる。

道徳科の特質を踏まえた主体的・対話的で深い学びを実現する授業づくりのポイント

　道徳科が目指す「主体的・対話的で深い学び」を実現する授業づくりのためには、目標の中にある四つの学習が含まれていることが大事である。

①道徳的価値を考える学習	〔深い学び〕
②自己を見つめる学習	〔主体的な学び〕
③広い視野から多面的・多角的に考える学習	〔対話的な学び〕
④人間としての生き方について考える学習	〔深い学び〕

　中学校では、生徒の発達段階や特性を考慮し、人間としての生き方について多面的・多角的に考え、話合いや討論することを通して、主体的かつ自発的な学習を展開できるように創意工夫することが求められる。例えば、主体的・能動的な学習の取組である「問題解決的な学習」や具体的な道徳的行為の場面を想起させて追体験させる「道徳的行為に関する体験的な学習」を取り入れ、生徒一人一人がしっかりと課題に向き合い、教師や他の生徒との対話や討論なども行いつつ、内省し、熟慮し、自らの考えを深めていくプロセスが重要である。TeachからCatchの授業へ変革することが大事である。

主体的な学び：	・問題意識をもつ　・自分自身との関わりで考える　・自らを振り返る
対話的な学び：	・協働し、対話する　・多面的・多角的に考える　・学級経営の充実を図る
深 い 学 び：	・道徳的価値を基に考える　・人間としての生き方について考える

theme 23

各教科等における見方・考え方を活用した学習活動の工夫
[総合的な学習の時間]〈小学校〉

関西学院大学教授
佐藤　真

小学校総合的な学習の時間における新しい評価のポイント

　総合的な学習の時間の評価は、学習指導要領に示された総合的な学習の時間の目標等を踏まえ、各学校の具体的な目標・内容である探究課題と探究課題の解決を通して育成を目指す資質・能力に基づいて定めた観点による観点別学習状況の評価を基本とする。目標は、探究的な見方・考え方を働かせて、よりよく課題を解決し自己の生き方を考えていくための資質・能力を育成することである。その資質・能力は、探究的な学習の過程において、課題の解決に必要な知識及び技能を身に付け、課題に関わる概念を形成し、探究的な学習のよさを理解するようにする（知識・技能）。実社会や実生活の中から問いを見いだし、自分で課題を立て、情報を集め、整理・分析して、まとめ・表現することができるようにする（思考力・判断力・表現力等）。探究的な学習に主体的・協働的に取り組むとともに、互いのよさを生かしながら、積極的に社会に参画しようとする態度を養う（学びに向かう力・人間性等）である。これを評価するのである。なお、評価方法は、信頼される評価方法、多面的な評価方法、学習過程を評価する方法が重要である。例えば、観察による評価、制作物による評価、ポートフォリオによる評価、自己評価や相互評価、他者評価などが考えられる。

総合的な学習の時間の特質を踏まえた主体的・対話的で深い学びを実現する授業づくりのポイント

　知識を既存経験・知識と関連付けて概念化したり、様々な知識や経験、見方・考え方との関係に位置付け構造化したりすることでこそ「深い学び」である。資質・能力が相互に関連付けられ概念化されるためには、見方・考え方が鍛えられていく授業になっていることが重要である。総合的な学習の時間では、各教科等における見方・考え方を総合的に活用し広範な事象を多様な角度から俯瞰して捉え、実社会や実生活の文脈や自己の生き方と関連付けることである。そのためには、「課題の設定→情報の収集→整理・分析→まとめ・表現」という探究過程が繰り返される一連の学習活動で、総合的な学習の時間の三つの資質・能力が「活用」され「発揮」されることにより、総合的な学習の時間の特質に応じて育まれる見方・考え方である「探究的な見方・考え方」が鍛えられていくように授業をつくることが肝要である。

　例えば、牡蠣（牡蠣の生産に関わる人々の願いや思いとそれを実現しようとする意義）を探究課題とする。ここでの事実的知識は、牡蠣は貝である、牡蠣は栄養豊富である等である。この牡蠣について、宮城と広島の牡蠣の収穫量やその推移を比較して考える、宮城と広島の牡蠣の種類や養殖法を分類して考える、宮城と広島の牡蠣を海と陸地や川を関連付けて考える。その結果、算数的な見方・考え方を活用したり、社会的な見方・考え方を活用したりすることにより、概念的な知識が育まれる。すなわち、牡蠣のような生物には多様性（それぞれには特徴があり多種多様に存在していること）があること、牡蠣の生産には地形や養殖技術などの相互性（互いに関わりながらよさを生かしていること）があることなどである。

theme 24

実社会と自己の生き方を関連付けて学ぶ探究学習

［総合的な学習の時間］〈中学校〉

関西学院大学教授
佐藤 真

中学校総合的な学習の時間における新しい評価のポイント

　総合的な学習の時間の目標（第1の目標）を踏まえ、各学校が総合的な学習の時間の目標を定める。その目標を実現するにふさわしい探究課題と探究課題の解決を通して育成を目指す資質・能力を示した内容が設定される。この目標と内容に基づいた観点を各学校が設定し、生徒の具体的な学習活動における姿を描いて評価規準を設定して、期待する資質・能力が発揮されているのかを把握することが、総合的な学習の時間の評価である。資質・能力は、探究的な学習の過程において、課題の解決に必要な知識及び技能を身に付け、課題に関わる概念を形成し、探究的な学習のよさを理解するようにする（知識・技能）。実社会や実生活の中から問いを見いだし、自分で課題を立て、情報を集め、整理・分析して、まとめ・表現することができるようにする（思考力・判断力・表現力等）。探究的な学習に主体的・協働的に取り組むとともに、互いのよさを生かしながら、積極的に社会に参画しようとする態度を養う（学びに向かう力・人間性等）である。なお、評価方法は、信頼される評価方法、多面的な評価方法、学習過程を評価する方法が重要である。例えば、観察による評価、制作物による評価、ポートフォリオによる評価、自己評価や相互評価、他者評価などが考えられる。

総合的な学習の時間の特質を踏まえた主体的・対話的で深い学びを実現する授業づくりのポイント

　主体的、対話的、深い学びは、一体として実現されるものである。主体的な学びでは、課題設定と振り返りが重要であり、特に振り返りでの自らの学びの意味付けや価値付けを重視する。対話的な学びでは、自己内での対話、先哲との文献での対話、遠方とのICT機器での対話も大切にする。深い学びでは、探究的な学習の過程である「課題の設定→情報の収集→整理・分析→まとめ・表現」が繰り返される一連の学習活動を一層重視する。この探究的な学習の過程で、各教科等で身に付けた知識及び技能は関連付けられて概念化し、思考力・判断力・表現力等は活用場面と結び付いて汎用的で多様な文脈でも使用可能となる。

　例えば、環境・エネルギー（私たちの生活や環境とエネルギー資源）を探究課題とする。ここでの事実的知識は、エネルギー資源とは石油、石炭、水力等である。このエネルギー資源について、日本と各国のエネルギー資源の自給率を比較して考える、日本と各国のエネルギー資源別に埋蔵量を分類して考える、日本と各国のエネルギー資源を自然や国土また経済と関連付けて考える。その結果、数学的な見方・考え方や社会的な見方・考え方を活用したりすることにより、環境とエネルギー問題の本質に関する概念的理解へと到達することができる。すなわち、エネルギー資源には有限性（物事には終わりがあり限りがあること）、また相互性（互いに関わりながらよさを生かしていること）等があることなどである。

　そして、生徒のその手応えが、さらに学びに向かう力を安定的で持続的な意志へと涵養していくのである。広範な事象を多様な角度から俯瞰して捉え、実社会や実生活の文脈や自己の生き方と関連付けて学ぶことである。

theme 25

「為すことによって学ぶ」特別活動の特質を踏まえた多様で柔軟な評価
[特別活動]〈小学校〉

東京聖栄大学教授
有村久春

小学校特別活動における新しい評価のポイント

特別活動の目標（学習指導要領参照）に照らすとき、次の七つの観点に整理できる。

> ①集団活動の意義や内容を理解しているか。
> ②各活動の行動の仕方を身に付けているか。
> ③話合いによる合意形成を図っているか。
> ④自らの意思決定ができているか。
> ⑤人間関係の形成をよりよくしているか。
> ⑥自らの生き方を考え、深めているか。
> ⑦よりよく自己実現を図ろうとしているか。

これらのエビデンスになるのが、集団や自己の課題解決を図る体験的な活動そのものである。その方法の基本原理は、子供が集団活動の「楽しさ」と「よさ」を味わい、その活動の事実を子供自らが振り返り、〈獲得している学び〉をありのままに評価することである。

この理解のもと、学級活動、児童会活動、クラブ活動、学校行事の各々の特性（各目標・内容）を生かし、その活動のプロセスとそこでの子供の体験を具体的に評価したい。

為すことによって学ぶ特別活動では、「知識・技能」と「思考・判断・表現」を峻別することは困難であろう。むしろ相互に連関し合う評価が求められる。そして①～⑦のポイントの取り上げ方も、特別活動の各活動内容のテーマ（議題・題材）や子供の体験等に応じて多様かつ柔軟な評価方法を試みたい。

とくに、子供個々の〈学びの自己調整力〉を大切にし、その子のよい点や可能性、進歩の事実を的確に捉えたい。例えば、「意見をみんなが聞いてくれてうれしい」「話合いの司会をして勇気がわいた。またやりたい」「作品展に入選してほめられた。やればできる」など活動の実際を自ら振り返り、客観的に自己評価する機会と援助の場を設けたい（子供自身のメタ認知の深化度による評価）。

特別活動の特質を踏まえた主体的・対話的で深い学びを実現する授業づくりのポイント

（1）〈学びの地図〉を描く

子供の発意・発想による活動課題を大切にする。その解決に向けた構想や展開過程（コンテンツ）を子供たちの手による「実施計画」として具体化する。子供の個々が「何をしたいか」「どんなことができるか」を実感できるように見守ったり助言したりする。

（2）〈行動の仕方〉を学ぶ

例えば、学級の手伝いや係活動をして「役立ち感」を味わう。この体験が思いやりの心や優しさ、助け合い、責任の自覚などの態度形成を内在化させる（道徳性の涵養）。また、この蓄積が教科等の学習の意欲や課題解決力を促し「学びの動き」を修得させる。

（3）〈自他のよさ〉に気付く

教師の関わりの基本は、「集団適応を促すガイダンス」と「自己理解を援助するカウンセリング」である。子供個々はこのバランスに学びながら自らの存在を実感し、他との関係づくりを体得する。例えば、自他の活躍を認め合い、互いのよい点に気付き合うエンカウンターの演習などの授業を実施したい。

新しい評価を人間形成に生かす
[特別活動]〈中学校〉

愛媛大学教授
城戸　茂

中学校特別活動における新しい評価のポイント

　新しく示された評価において、特別活動の面から注目したい点を、三点挙げてみたい。

①「主体的に学習に取り組む態度」の観点が新たに設けられたこと

　「学びに向かう力、人間性等」に対応して設けられたこの観点は、人間形成を目指す特別活動において注目すべき観点である。

②形成的評価を重視する方向性が示されたこと

　学習評価の改善の基本的な方向性の一つに、「児童生徒の学習改善につながるものにしていくこと」と示された。従来の教師の指導改善だけでなく、児童生徒自身の学習改善につなげるといった評価の改善機能を重視する方向性が強化された。これにより、日々の活動の中で生徒を育てていく特別活動において大切にしたい形成的評価の意義が深まったと捉えることができる。

③学校全体としての組織的かつ計画的な取組の重要性が一層強調されたこと

　全教職員の共通理解・共通実践が求められる特別活動において、評価規準や評価方法の共有は不可欠である。

特別活動の特質を踏まえた主体的・対話的で深い学びを実現する授業づくりのポイント

　特別活動は、「集団活動」と「実践的な活動」を特質とし、生徒の自発性や主体性を大切にしながら、「なすことによって学ぶ」ことを通して、社会性や豊かな人間性を育むことを目指す教育活動である。こうした特質をもつ特別活動の授業づくりのポイントを、評価との関連から三点挙げてみたい。

①指導と評価の一体化をこれまでにも増して意識すること

　特別活動で重視する自主的な態度の育成と、生徒のやる気を育てることは深く結び付いている。生徒の良い点や可能性、進歩の状況等を時機を逃さず積極的に生徒に伝えることは、やる気を高める上で効果的である。

②事前・事後の活動の充実を図ること

　特別活動は、事前・本時・事後といった一連の流れで展開される。授業においては、事前の活動において意義やねらいを明確に示すこと、事後の活動では、ねらいを踏まえた振り返りを、友達の声や教師の励ましや助言を聞きながら行うとともに、振り返ったことを踏まえ、その後の自己の生活や生き方について新たな決意をもたせることを通して、自主的、実践的な態度の育成を目指したい。

③「学習の自己調整力」を育む場を学習過程に効果的に位置付けること

　各活動や学校行事の学習過程において、ねらいに照らし、集団の成員の声や活動の状況、教師の助言を踏まえながら、自己の在り方について考え、生活上の課題のよりよい解決やよりよい自己実現が図れるよう、その後の方向性を考える場を充実させることは、特別活動の特質を踏まえた主体的・対話的で深い学びの実現のための大切なポイントになると考えられる。

2019年4月から毎月末発行 刊行開始！

スクールリーダーのための12のメソッド

学校教育・実践ライブラリ

ぎょうせい／編

全12巻

A4判、本文100頁（巻頭カラー4頁）

1年でわが校を次代の学校へとつくりかえるわたしたちの最新メソッド。

最重要課題を深く掘り下げる〈各月特集テーマ〉

- ❶（4月配本）学校の教育目標を考えてみよう〜学校目標から学級目標まで〜
- ❷（5月配本）評価と指導〜全面実施直前・各教科等の取組課題〜
- ❸（6月配本）これからの通知表の作り方・書き方
- ❹（7月配本）働き方で学校を変える〜やりがいをつくる職場づくり〜
- ❺（8月配本）校内研修を変えよう
- ❻（9月配本）先進事例にみるこれからの授業づくり〜単元づくりから指導案づくりまで〜
- ❼（10月配本）思考ツールの生かし方・取組み方〜「主体的・対話的で深い学び」を「アクティブ」にする方法〜
- ❽（11月配本）気になる子供への指導と支援〜特別支援教育のこれから〜
- ❾（12月配本）特別活動のアクティブ・ラーニング
- ❿（1月配本）総合的な学習のこれからを考える
- ⓫（2月配本）英語・道徳の総チェック〜全面実施の備えは万全か〜
- ⓬（3月配本）新課程の学校経営計画はこうつくる

全国の先進事例で悩みを解決！

＊各月特集テーマ名は変更する場合があります。

各巻定価（本体1,350円＋税）各巻送料215円
セット定価（本体16,200円＋税）のところ

2019年9月30日までにセットご注文をいただいた場合
約11％OFF

セットご購入特価 本体 **14,400** 円＋税 送料サービス

＊送料は2019年2月時点の料金です。

ぎょうせい

現場感覚で多彩な情報を発信。
2019年度の学校づくり・授業づくりはこのシリーズで！

●本書の特長●

① "みんなで創る"
授業づくり、学校づくり、子供理解、保護者対応、働き方……。
全国の現場の声から、ともに教育課題を考えるフォーラム型誌面。

② "実務に役立つ"
評価の文例、校長講話、学級経営、単元づくりなど、現場の「困った！」に応える、
分かりやすい・取り組みやすい方策や実例を提案。

③ "教養が身に付く"
単元とは、ユニバーサルデザインとは、など実践の土台となる基礎知識から、著名人の
エッセイまで、教養コーナーも充実。実践はもちろん教養・癒しも、この1冊でカバー。

●充実の連載ラインナップ●

創る create
- ●田村学の新課程往来【田村　学〈國學院大學教授〉】
- ●学びを起こす授業研究【村川雅弘〈甲南女子大学教授〉】
- ●講座　単元を創る【齊藤一弥〈島根県立大学教授〉】　ほか

つながる connect
- ●UD思考で支援の扉を開く　私の支援者手帳から【小栗正幸〈特別支援教育ネット代表〉】
- ●学び手を育てる対話力【石井順治〈東海国語教育を学ぶ会顧問〉】
- ●ユーモア詩でつづる学級歳時記【増田修治〈白梅学園大学教授〉】　ほか

知る knowledge
- ●解決！ ライブラちゃんのこれって常識？ 学校のあれこれ
- ●本の森・知恵の泉【飯田　稔〈千葉経済大学短期大学部名誉教授〉】
- ●リーダーから始めよう！ 元気な職場をつくるためのメンタルケア入門【奥田弘美〈精神科医・産業医〉】

ハイタッチな 時空間を味わう
- ●[カラー・フォトエッセイ] Hands〜手から始まる物語〜【関　健作〈フリーフォトグラファー〉】
- ●[エッセイ] 離島に恋して！【鯨本あつこ〈NPO法人離島経済新聞社統括編集長〉】
- ●[校長エッセイ] 私の一品〈各地の校長によるリレーエッセイ〉

＊連載等の内容は変更する場合があります。

●お問い合わせ・お申し込み先
㈱ぎょうせい
〒136-8575 東京都江東区新木場1-18-11
TEL：0120-953-431／FAX：0120-953-495
URL：https://shop.gyosei.jp

解決！ライブラちゃんの
これって常識？ 学校のあれこれ

学校の教育目標って、なぜ知・徳・体で決まりなの？ ［後編］
—どうなる、これからの教育目標

なぜ、どこの学校も教育目標が「知・徳・体」なんだろうか――。ライブラちゃんの疑問に木村先生は、深〜い話を教えてくれました。「知・徳・体」はイギリスの学者が150年以上前に提唱した輸入物だったこと。日本独特の文化を背景に、学校という小さな社会の中で「知・徳・体」は上手に組み込まれていったこと。でも、昔とは社会も変わっていきます。これからの教育目標はこのままでいいのでしょうか。「やっぱり、なんか変えていった方がいいような気がする……」。さらなるライブラちゃんの疑問に木村先生から明快なお話をいただきます。

「仲良くする」より「喧嘩をしない」へ!?

前回は、海外から移入された「知・徳・体」が日本の学校に独自なかたちで受け入れられ、時代によってそのいずれかが強調されてきた経緯をお話ししました。

今回は、これからの時代を見据えた教育目標の在り方について考えてみましょう。

大きくいうと、こんにちは「知」「徳」「体」の前提である日本社会の共同体的な体質が変化しつつあります。これまで、家庭に生まれた子どもが学校で教育を受け、卒業後は就職し企業などを支え、また家庭を作るというような循環する社会で学校教育は重要な役割を果たしてきました。

4月に新卒の学生を一括採用する企業が多いのは、そのことを象徴的に現していますが、そ

れは世界から見ると極めて特殊なのです。

しかし、このところ会社に入っても安心して生活していける基盤が崩れてきています。社会がグローバル化していくとともに、一括採用の見直しもいわれています。これらも含めて学校は新しい課題に対応しなければならなくなっていますが、そのキーワードとなるのが「公共」という考え方です。

これまでは、共同体の中で生きる人間を育ててきたわけですが、これからは公共の空間を生きる人間を育てる必要があるということです。

分かりやすくいうと、これまでは学校では子どもどうしが「仲良くする」ことが大切とされ、たとえば修学旅行で「あの子と同じ班になりたくない」というのは許されなかったわけですね。

嫌な人とでも一緒にやっていくこと、つまり「共同」という考え方が大事だったんです。しかし、グローバル社会を迎えると、いくら努力してもお

互い理解し合えないかも知れないことだっておきてきます。知らない人や共感し合えない人とでも折り合いをつけていかなければならなくなる。極端にいえば、「仲良くする」よりも「喧嘩をしない」ことが求められ、意見が違っても相手を認めていけることが大事になってくるのです。これが「公共」という考え方です。仲良くすることを前提とする「共同」ではなく、知らない相手と合意形成ができる、そのための知恵を身に付けていくことが大事になってくるのです。

人類史的転換点（！）を迎えた現代社会

学習指導要領は時代の要請に応じて修正されてきたわけですが、どのような人間をつくっていくのかという時代ごとの問題意識から目標や内容がつくられたという視点をもつことはとても大切です。グローバル化に限らず、人工知能（AI）に代表される情報処理技術の飛躍的向上、少子高齢化などが起きてきている現代は、まさに人類史的な転換点をおもわせる時代といえます。グローバルな社会での人間の関わり方に加えて、知識中心ではなくどう知識を活用するかや、さらに働くことを中心とする社会から生活を重視した社会が課題となっています。教育の目標はこうした社会の大きな変動に対応したものでなければなりません。

「公共」の視点から教育目標の見直しを

話を「公共」社会の形成に戻して、これからの教育目標をどう捉えるかについて考えてみましょう。

学習指導要領は、これからの社会の中で生きていく子供たちをどのように育てるのかという基本理念を示していますが、各学校やそれらを取り巻く社会は様々です。地域社会のあり様も様々、共同体の壊れ具合も様々ですね。教育目標も、そうした学校を取り巻く実情に照らし合わせていくことになります。ですから、すべての学校の教育目標の現れ方が違ってくるのは当然です。一方で、共同体を支えてきた、さらにこれからも支える学校・地域が公共の視点を必要としていないかというとそれも違います。地域のあり様は様々ですが、社会の抱える課題は同じだからです。公共の視点を踏まえた上で、それぞれの学校・地域の実情に合うように教育目標を設定したり見直したりすることが必要なのではないでしょうか。

木村 元 先生

1958年石川県生まれ。東京大学大学院教育学研究科博士課程単位取得退学。教育学・教育史専攻。著書に『教育学をつかむ』『教育から見る日本の社会と歴史』『学校の戦後史』など多数。

本の森・知恵の泉
[第2回]

これからは「自分の頭」で考えられる人の時代
『知的生産術』

 「人・本・旅」への切り替え

　生活の基本を、「メシ・風呂・寝る」から「人・本・旅」に切り替える必要性を語ることに注目した。"長時間労働が生産性を上げる"というデータはどこにも存在しないからだ。仕事を早く終えて、人に会ったり、本を読んだり、ときには旅したりと、脳に刺激を与えることが必要。脳をフル回転させる労働は、人の脳のメカニズム上、「1回2時間」休憩を挟んで「1日3回（せいぜい4回）」が限度と本書では指摘する。

　そこで考えたいのは、"働き方改革"ではないか。特に、本誌の読者層を考えれば"教師の働き方改革"となる。多岐にわたる仕事を整理し、「働く時間」をいかに減らすかである。満足に休憩時間もとれない現実がある。著者の発想・発言を学びつつ、それを考えることが、教育現場で日々を過ごす人の課題。

　著者は、立命館アジア太平洋大学（APU）の学長。104人の候補者から、推挙されて就任された。その経歴は、1948年出生、京都大学卒業後、日本生命入社。2006年にネットライフ企画（現・ライフネット生命）設立（創業者）。2018年から現職に就く。「いい教員とスタッフを集め、いい学生を世界中から集め、教育と研究のレベルを上げること」が、学長の使命と語る。やはり、知的生産性を高める方向で、"働き方改革"を進めよう。この際、"本を読む"ことを、まず考えたい。

 "腹落ち感"が原動力

　本を読むことは、自分の頭で考え、"一を聞いて十を生み出す力"を育てて行動する力をつくる。これは、筆者も体験してきたこと。特に、教師の仕事は、著者が第2章で書くように、「腹落ち感」が原動力になるだろう。「腹落ち」（腹に落ちる）とは、「本当に納得する」「心の底から合点がいくこと」である。行動力の源泉になるのは、責任感や義務感以上に、腹落ち感であるとの著者の指摘は貴重。教師の仕事の全てが、モチベーションが高いものとは言い切れないから……。

　さらに注目したいのは、"仕事の順番"は、緊急性ではなく、「先着順」にするという著者の主張だ（第3章）。「緊急」と言われて、慌てたり緊張したりするのが職員室。でも、著者の主張は、①後回しが許される仕事はない、②優先順位を見極めるのは管理職の仕事、③時間内に全ての仕事を終わらせるのが大前提。そうだとすれば、上から順番に、先着順に仕事をするのが一番早いという。この著者の考えは、どうだろう。「どの仕事から手をつけようか」とペンを置いて考えている人が同僚の中にいる。時間は、どんどん過ぎていくのに……。こういう人が改めた方がいいのは、こうしたことでなかったか。「忙しい」という事態に、改めた方がいいことの着眼は、本書にいくつもある。"ハッ"と思うこともきっとある。学長（著者）の言は、実に貴重ではないか。

『知的生産術』
出口治明 著
日本実業出版社

いいだ・みのる　昭和8年東京・小石川生まれ。千葉大学で教育学を、法政大学で法律学を学ぶ。千葉大学教育学部附属小学校に28年間勤務。同校副校長を経て浦安市立浦安小学校長。62年4月より千葉経済大学短期大学部に勤務し教授、初等教育学科長を歴任。この間千葉大学、放送大学講師（いずれも非常勤）を務める。主著に『職員室の経営学』（ぎょうせい）、『知っておきたい教育法規』（光文書院）、『教師のちょっとしたマナーと常識』（学陽書房）、『伸びる芽育つ子』（明治図書）ほか共著・編著多数。

千葉経済大学短期大学部
名誉教授

飯田　稔

チームの力を引き出す「マネジメント」

「『適材適所』のチームをつくれば、生産性は勝手に上がる」（189頁）を読んで、人間の「チョボチョボ主義」に気付く。だから、適材適所に人を配置すれば、個々の能力は伸びないまでも、組織の生産性は上がるのだ。そのとおりだとは思う。「マネジメント」とは、「人を上手に組み合わせて（人を）上手に使うこと」に同意する人は多いだろう。

だが、この国の多くの組織はどうだろう。

相変わらずの"年功序列"が存在しているではないか。学校で申せば、校内人事（分掌の主任）一つが年功序列的ではないか。管理職昇任にも、その傾向のみられる地域がある。勇気を出して、適材適所の校内人事を断行したら、教員の多くが気分を悪くして、動きが停滞してしまった学校もある。一所懸命に仕事をする上位2割の部下を、（管理職は）味方に付けることで切り抜けるか。役職は"偉さ"を表すものでなく、機能による"役割分担"に過ぎないことも承知したい。

リーダーに必要な三つの鏡

リーダーの最も重要な役目は、「スタッフ」にとって、元気で明るく楽しい職場をつくること。「楽しい」という感情が、仕事のイノベーションの原点と書く。そして、三鏡をリーダーはもてという。①銅の鏡、②歴史の鏡、③人の鏡、がそれである（第5章）。

これは、著者の座右の銘の一つ。中国の古典『貞観政要』で述べられる。銅の鏡は自己の表情チェック、歴史の鏡は世の興亡盛衰を知る、人の鏡は人を手本に自分の行いを正すという意味という。

"大学こそが生産性を上げる母体"と語る著者は、雑誌『文藝春秋』2019年5月号の巻頭のグラビア8ページにわたり、「日本の顔　出口治明」と掲載される。大分県別府湾を望むAPU校舎で、学生に語るとともに、昼食（学食）をとりながら談笑する姿などを、たまたま発見。日本中が注目する人なのだ。

「人生で一番大切なことは『正直』であること」「人脈は『つくる』ものではなく、結果的に『できる』もの」「『プライベートを削ってでも、仕事に集中しろ』は根本から間違っている」との指摘もまた、考えてみたいことでないか。固くなってしまったアタマと生き方を改めてさせてくれる一冊と読む。自分のアタマを見直し考えよう。

リーダーから始めよう！
元気な職場をつくるためのメンタルケア入門 [第2回]

ストレスの正体、知ってますか？

精神科医（精神保健指定医）・
産業医（労働衛生コンサルタント）
奥田弘美

　皆様は、ストレスについて、じっくり考えてみたことはありますか？

　精神医学では、「ストレスとは生体に何らかの刺激が加えられたときに発生する、生体側のゆがみ」であると定義されています。この定義から考えると、ストレスとは、不快なことや嫌なことだけではありません。心か身体に何らかのゆがみを与える、あらゆる刺激や変化がストレスになりうる原因なのです。

　ではどういった出来事が、ストレスを引き起こす危険があるのかを見ていきましょう。表にストレスの原因になりうる主だった日常生活上の出来事を列挙してみました。まずは、ご一読ください。

```
《ストレスとなりうる日常の変化・刺激》
① 日常生活や職場でトラブルや強いプレッシャーに遭遇。
② 親しい人やペットとの別れ。
③ 自分や家族の病気や怪我。
④ 自分や家族の、解雇や失業、または退職。
⑤ 経済状態の大きな変化（借金、収入の著明な減少、大きな増収など）。
⑥ 自分や家族の結婚（または離婚）、妊娠、出産など。
⑦ 配偶者や、子供との別居。逆に家族が増えた（親との同居、子供の誕生等）。
⑧ 自分や家族の職場での地位や環境、仕事内容が変化した（降格、異動、昇進、栄転など。または仕事の量や質の変化、新しい仕事や企画を任された等）。
⑨ 自分や家族の転校、入学や卒業、受験など教育関連の変化。
⑩ 日常の生活環境の変化があった（引越し、新築、災害など）。
⑪ 日常生活の習慣の変化があった（禁煙、ダイエット、習い事やスポーツを始めたなど）。
⑫ 仕事、学業、スポーツなどでの大きな成功や賞賛をあびた。もしくは逆に失敗や叱責を受けた。
```

　入学や就職、昇進、引越しなどの嬉しいこと、家族におこった変化も、ストレスの原因となりうるというのは、一般的にはあまり認識されていません。

　なぜ変化や刺激がストレスになりうるかというと、人は何らかの変化や刺激に遭遇すると、心や体が緊張したり興奮したりと普段よりエネルギーを使うから。この状態が続けば続くほど、知らず知らずのうちにエネルギーを消費し疲労していきます。心身のバランスが崩れて不調が発生してしまうのです。

　ストレスから身を守るための第1歩は、表にあるような「変化や刺激」に遭遇したとき、ストレスが発生する恐れがあるということを、あらかじめ意識化しておくことが大切です。特に年度替わりの春（3月～4月）は、職場に新しい同僚が入ってきたり、上司の交代があったり沢山の変化が発生しますし、プライベートでも家庭内の変化が起きやすくなるので注意が必要です。また嬉しいことやおめでたいことに関わる変化がおこったときは、本人も周りの人も、ストレスには無関心となりがちです。嬉しさや喜びに興奮しがちとなり、ついつい普段より無理をしたり、頑張ったりしてしまいます。その結果、徐々に心身に疲労が蓄積していき、思わぬ体調不良に見舞われたり、集中力や気力が低下してしまったりするのです。まさに新入社員や新入生に多いとされる五月病などは、その典型といえるでしょう。

　もし変化や刺激に重なって遭遇したときは、まず普段より意識して睡眠（できれば7時間以上）とバランスのとれた栄養豊かな食事をしっかりとり、体に疲労を蓄積させないようにすることを心がけてください。そしてできるだけリラックス時間を捻出して心身をゆったりさせるようにしましょう。また一つの変化に心身がなじむまでは、次の新しい変化を起こすことはできるだけ避けることも肝要です。「変化に変化をできるだけ重ねない」ということは、自分だけではなく、職場の同僚、部下にも心がけてあげてください。例えば新卒の新人や、異動してきた人には、新しい仕事や役割をどんどん与えないこと。彼らが新しい職場に慣れるまで、残業や休日出勤、プレッシャーのかかるプレゼンや出張などの仕事は免除する。アフターファイブの付き合いを誘うのも、ほどほどにする。こうした心がけや気遣いが心の不調を予防することに繋がっていくのです。

●おくだ・ひろみ　平成4年山口大学医学部卒業。都内クリニックでの診療および18か所の企業での産業医業務を通じて老若男女の心身のケアに携わっている。著書には『自分の体をお世話しよう～子どもと育てるセルフケアの心～』（ぎょうせい）、『1分間どこでもマインドフルネス』（日本能率協会マネジメントセンター）など多数。

好評発売中！

次代の学びを創る 学校教育実践情報シリーズ

リーダーズ・ライブラリ
Leader's Library
全12巻

A4判、本文100頁（巻頭カラー4頁・本文2色／1色刷り）、横組
ぎょうせい／編
各巻定価（本体1,350円+税）各巻送料215円
セット定価（本体16,200円+税）送料サービス

これからのスクールリーダーを徹底サポート。
新課程下の「知りたい」を即解決！

■各巻特集テーマ

2018年

Vol.01 （04月配本） **新学習指導要領全面実施までのロードマップ**
　＊to do と実施のポイントで今年度の課題を整理

Vol.02 （05月配本） **「社会に開かれた教育課程」のマネジメント**
　＊PDCAで編成・実践する「社会に開かれた教育課程」

Vol.03 （06月配本） **Q&A 新教育課程を創る管理職の条件**
　＊知っておくべき学校管理職のための知識＆実践課題

Vol.04 （07月配本） **スクールリーダーのあり方・生き方**
　＊求められるリーダー像はこれだ！ 各界に学ぶリーダー論

Vol.05 （08月配本） **若手が育つ学校〜学校の人材開発〜**
　＊若手の意識を変える！ 年齢構成から考える組織マネジメント＆若手速成プラン

Vol.06 （09月配本） シリーズ授業を変える1：**今求められる授業の基礎技術**
　＊徹底追究！ いまさら聞けない授業技術（板書、机間指導、指名etc）

Vol.07 （10月配本） シリーズ授業を変える2：**「問い」を起点にした授業づくり**
　＊教師の「問い」研究 ─「主体的・対話的で深い学び」はこう実現する

Vol.08 （11月配本） シリーズ授業を変える3：**子供の学びをみとる評価**
　＊もう迷わない！ 新しい学習評価の必須ポイント

Vol.09 （12月配本） **子供の危機管理〜いじめ・不登校・虐待・暴力にどう向き合うか〜**
　＊子供を守れるリーダーに！ 次代の危機管理の傾向＆対策

2019年

Vol.10 （01月配本） **教師の働き方とメンタル・マネジメント**
　＊管理職の腕次第!? 教師が生きる職場のつくり方

Vol.11 （02月配本） **インクルーシブ教育とユニバーサルデザイン**
　＊「合理的配慮」から改めて特別支援教育を考える

Vol.12 （03月配本） **新教育課程に向けたチェック＆アクション**
　＊実施直前！ 移行期の振り返りと課題の確認で準備万端

田村 学の
新課程往来
[第2回]

平成の教育を見つめ直す

生活科の誕生

　平成から令和に変わりました。このタイミングに平成の教育を見つめ直してみたいと思います。

　平成元年は、私が教員になったばかりの頃です。この年には、教育課程の基準の改訂があり、新しい学習指導要領が示されました。このときの改訂では、「社会の変化に自ら対応できる心豊かな人間の育成」を掲げました。最大の出来事は、小学校における「生活科」誕生と言えるのではないかと思います。小学校の低学年において、既存の社会科と理科を廃止し、新しい教科を位置付けたわけです。

　生活科という教科は、それまでの教育の在り方を見直して生まれてきました。このことについて、当時の文部省、生活科担当の初代教科調査官中野重人氏は、その著書『生活科のロマン』において、次のように記しています。

　「生活科が誕生し、その教育が始まった。わが国の小学校教育史に残る大きな出来事である。

　周知のとおり、平成元年（1989）の学習指導要領の改訂で、小学校の低学年に生活科が新設された。それに伴って、従前の低学年の社会科と理科は廃止されたのである。戦後教育四十数年、小学校にあって教科の改廃は初めてのことである。

　ちなみに、明治期以降のわが国の小学校教育を振り返るときに、教科の改廃はまれであったといってよい。それは、例えば、戦時体制への教育とか、敗戦後の新しい国づくりの教育というような国家・社会の大変動に際して、教科の改廃が行われたにすぎないのである。

　このように教科構成を変えるということは、学校教育の在り方と深くかかわっている。それだけに、平時にあっての教科の改廃は、容易なことではない。生活科新設の波紋が大きかったのは、当然のことである。賛否両論が渦巻いたのである」

　それまでの時代においては、教育とは、授業とは、教師が子供にいかに効率的かつ有効に教えるかが重視され、指導する側の論理が優先される傾向がありました。そんな中、小学校の低学年において、「具体的な活動や体験を通して」学ぶ生活科が誕生したわけです。学び手の子供を中心とした教科、学習者の論理を優先する教科が生まれたわけです。子供中心の教育思想がそれまでの日本に無かったわけではありませんが、生活科誕生のインパクトの大きさは想像に難くありません。コペルニクス的大転換。同時に既存の教科が廃止されるとなれば、激震が広がり、賛成反対の議論の嵐が吹き荒れ、日本全国を大きな渦に巻き込んでいったのでしょう。

　さらに驚くべきは、生活科誕生時の学習指導要領の指導書（当時は、学習指導要領解説ではなく指導書と呼んでいました）には、「生活科は、あれこれの事柄を覚えればよい教科ではない。具体的な活動や体験を通してよき生活者として求められる能力や態度を育てることであり、つまるところ自立への基礎を養うことを目指しているのである」と声高らかに宣言しているではありませんか。何という思い切りの良さ、こんな文章をよく掲載できたと目を疑います。

たむら・まなぶ　1962年新潟県生まれ。新潟大学卒業。上越市立大手町小学校、上越教育大学附属小学校で生活科・総合的な学習の時間を実践、カリキュラム研究に取り組む。2005年4月より文部科学省へ転じ生活科・総合的な学習の時間担当の教科調査官、15年より視学官、17年より現職。主著書に『思考ツールの授業』（小学館）、『授業を磨く』（東洋館）、『平成29年改訂 小学校教育課程実践講座　総合的な学習の時間』（ぎょうせい）など。

田村　学
國學院大學教授

学習者としての子供の視点に立つ

　このことを今期改訂と結び付けて考えるとどうでしょうか。私が注目すべきは、平成27年8月の論点整理にあるのではないかと思います。そこには、

「各学校が今後、教育課程を通じて子供たちにどのような力を育むのかという教育目標を明確にし、それを広く社会と共有・連携していけるようにするためには、教育課程の基準となる学習指導要領等が、『社会に開かれた教育課程』を実現するという理念のもと、学習指導要領等に基づく指導を通じて子供たちが何を身に付けるのかを明確に示していく必要がある。
　そのためには、指導すべき個別の内容事項の検討に入る前に、まずは学習する子供の視点に立ち、教育課程全体や各教科等の学びを通じて『何ができるようになるのか』という観点から、育成すべき資質・能力を整理する必要がある。その上で、整理された資質・能力を育成するために『何を学ぶのか』という、必要な指導内容等を検討し、その内容を『どのように学ぶのか』という、子供たちの具体的な学びの姿を考えながら構成していく必要がある」

と記されています。
　実際の社会で活用できる「資質・能力」の育成のためには、「学習する子供の視点」に立って検討する必要があるとしています。このことは、先に示した生活科誕生の際の考え方と共通であると考えるべきでしょう。その意味では、平成の時代は、生活科という新教科の誕生に始まり、その理念を熟成させながら教育課程全体に広げてきた30年と考えることもできるわけです。
　もちろん、子供中心の考え方は、子供のやりたい放題の放任や野放しを意味し、教師の指導性を放棄するものではありません。知識の習得を無視したり軽視したりするものでもありません。むしろ、教師の指導性は一層重視され、その質的向上が求められるはずです。高度化された知識構造の形成に向けて、個別の知識やその習得の仕方も一段と重視されていると考えるべきでしょう。
　生活科の誕生には、そうした深い意味と価値があり、社会の変革を見据えたチャレンジだったわけです。こうした平成の教育とその変化を、私たちは丁寧に見つめ直さなければなりません。
　平成が終わろうとする4月25日（木）、中野重人先生がご逝去されました。ご功績の偉大さを改めて実感するとともに、そのお考えの先進性、卓越した識見に学び、深くご冥福をお祈りしたいと思います。

言葉と学校経営

東京学芸大学准教授
末松裕基

　本連載のタイトルにもなっている「カリキュラム・マネジメント」という言葉は、教育界にも徐々に浸透し、学校現場でも当たり前に使われるようになってきているようです。

　たとえば、2016年12月21日中央教育審議会答申では、カリキュラム・マネジメントの3側面として、教科横断、データに基づくPDCAサイクル、人的・物的資源の効果的活用が挙げられたほか、2017年学習指導要領総則でもその重要性が指摘されました。

　また、個人的には「カリキュラム・マネジメント」の社会への浸透を違和感とともに次の三つの場面で記憶しています。

　まず、授業では一切触れていないものの、教職課程のレポートにおいて、学部生が「これからの学校はいま求められるカリキュラム・マネジメントに一丸となって取り組んでいく必要がある」と書いたことです。

　次に、学部一年生の教職入門という授業において、ゲストスピーカーとして講義を担当いただいた現職小学校教員が、教師に求められる役割に「カリキュラム・マネジメント」を迷いなく挙げたことです。

　そして、ある自治体の中堅教員研修について企画打ち合わせをしている際に、「カリキュラム・マネジメント検討用シート」が準備されており、「カリマネ」という略語表現が当然のように多用されていました。

　学校経営を担う者は、これらの言葉の浸透をどのように受け止め、向き合っていく必要があるでしょうか。言葉をどのように使っていくか、意識していくかは学校経営と実は密接なつながりがあると思います。今回は、普段のわたしたちの言葉の使い方、向き合い方、そして付き合い方について考えていきましょう。

◆言葉にどう向き合うか

　詩人の長田弘さんは、「戦後という時代での一コの経験をとおしていえること。これがホンモノだと揚言されるものほどあやういものはないし、信じられない」とかつて述べました（『一人称で語る権利』平凡社、1998年）。

　教育界にも、ある日突然、降って湧いたように特定の言葉が登場し、学校でも当然のように使い始められます。キャリア教育や金融教育、プログラミング教育など「〇〇教育」の多発の問題はよく指摘され、問題視されるところですが、「生きる力」をはじめ、「アクティブ・ラーニング」「コミュニティ・スクール」「組織マネジメント」「チーム学校」そして「カリキュラム・マネジメント」など、例を挙げれば切りがないほどです。

　未来志向で教育をより良くしようとするには、新たな言葉や取組によって、慣習を打破する必要があり、その際に新たな言葉が現状に勢いを与えることがあります。そのため、新しい概念や言葉

●すえまつ・ひろき　専門は学校経営学。日本の学校経営改革、スクールリーダー育成をイギリスとの比較から研究している。編著書に『現代の学校を読み解く―学校の現在地と教育の未来』（春風社、2016）、『教育経営論』（学文社、2017）、共編著書に『未来をつかむ学級経営―学級のリアル・ロマン・キボウ』（学文社、2016）等。

が、教育界でも必要になる時もありますし、それによって、様々な関係者の意識を変えたり、新たに資源を集める原動力になったりすることもあります。

ただ、新たな言葉やその使われ方によって、かえって、従来うまくいっていたことができなくなったり、また、それらを使うことによって、実際はなにも取り組んでいないのに、なにかに取り組んだ気になったり、実は十分な取組ができなくなったりしていることも多いものです。わたしたちは、言葉にどのように向き合っていく必要があるでしょうか。

◆言葉とどう付き合うか

先の長田弘さんは、前掲書において別のエッセイ「言葉とつきあって」のなかで、自らが言葉とどう向き合っているかを赤裸々に語っています。

なぜ、そこまでこだわる必要があるのかと時には読み手が不思議に思うくらい、言葉との向き合い方をしつこく論じています。彼はその理由を次のように述べています。「ただ言葉は、選択である以前にまずわたしたちにとって時代というか状況による一つの方向―意味（センス）をもってしまっていることを無視すべきではない、といいたいまでなのです」と。

そのように述べる彼は「じぶんにたいする徹底した疑い」をもつことの必要性を指摘しています。もう少し彼がなににこだわって、ここまで強い口調でこの問題を論じようとしているかを確認していきましょう。

彼は次のようにも言います。「いいたいことをいい、書きたいことを書くための言葉そのもののなかには、じつは『暴力』がその根底のところにひそんでいる（中略）言葉は、わたしにとっては、なによりまず言葉の根っこのところにひそめられ

る『暴力』というものを明るみに出すことによって、言葉なんです。」

長田さんは、自らを言葉の正しい書き手であるとは思ってはおらず、そういう正しさからは自分は遠い所におり、常に不安を抱いているとも吐露しています。そして、そうした不安を自覚的に引き受けることで、改めて言葉を自ら選び直すほかないと常々考えているというのです。彼は、このように自らの言葉への向き合い方を述べた上で、次のような決意を明らかにしています。

「じぶんたちの時代をつくっている言葉のいかがわしさ、うろんさ、うさんくささを率直にみとめることと、時代に追従していかがわしくうろんなうさんくさい言葉を引きまわすことは、まったくべつの行為、べつの言語行為です。

わたしは、わたしたちの時代の言葉のそなえるいかがわしさ、うろんさ、うさんくささをみとめます。それを荷担するしかないとおもいます。そこから繰りかえし、いくどでも言葉にむかって出発するという方法しかないとおもいます。」

学校経営を進めるにあたっても、同じような姿勢が必要になると言えます。たかが言葉、されど言葉です。

われわれは、日常の仕事の仕方を言葉によって規定していますし、言葉によって物事を考え、言葉の使い方によって学校の経営のなされ方が決まってくると思います。

いま一度、目の前にある教育をどのような言葉によって進めようとしているのか、自らが携わり、教職員とともに行っていこうとする学校経営がどのような言葉とともにあるのか。日常的に使われている言葉にあまりに無関心、無意識になっていないか。このようなことを確認することから、学校を語る言葉が紡がれていくと思います。

ここがポイント！
学校現場の人材育成
[第2回]

新任教員の即戦力化〈その2〉

● 本稿のめあて ●

前回は、新任教員の増加による課題とその課題解決のための視点と方策を三つ挙げ、第1の視点として、新任教員の任用前の取組について詳解しました。今回は、第2の視点である、大学における教員養成の視点について説明をします。

新任教員の増加による課題

ここで改めて、前回にも述べた課題を整理して再掲することとします。教員の大量退職に伴う新任教員の大量採用により、児童生徒と年齢が近いフレッシュな教員が指導に当たる反面、実践的指導力に長けたベテランの教員が定年退職をして新任教員が増えることにより、学校内で児童生徒指導や教科指導に関する技術などが継承されない事態が生じています。

課題解決のための視点と方策—その2

第1回目であった前回では、課題解決のための視点と方策について、三つある視点の第1の視点として、教員採用選考合格者が学校の教員として教壇に立つ前の任用前のプレ研修について取り挙げました。

今回は、第2の視点として、教員は、大学等における教職課程において教育職員免許法で定める科目の単位を修得していることが前提となっていますが、この大学等における教職の科目や科目内容などが学校現場で求められるものとなっているかどうかについて見ていくこととします。こうした科目は、教育職員免許法施行規則別表において、基礎資格としての学位の修得を前提に、免許状の種類、校種、教科別に細かく規定されています。従前は、教科に関する科目を何単位、教職に関する科目を何単位、教科または教職に関する科目を何単位などと規定していましたが、中教審答申「これからの学校教育を担う

教員の資質能力の向上について」（平成27年12月）に基づき、新たな課題（英語、道徳、ICT、特別支援教育）やアクティブ・ラーニングの視点からの授業改善、学校インターンシップの導入、教職課程に係る質保証・向上の仕組みの導入や「教科に関する科目」と「教職に関する科目」の統合など科目の大括り化などを柱とした新たな法律が施行され、この4月から大学に入学した学生に適用されました。

例えば、中学校で一種免許を取得する場合は、次頁の表にある科目について総合計59単位を修得する必要があります。

どんな科目を何単位修得すれば教育職員免許状が取得できるかは、この一例で分かるかと思いますが、実は、これらの科目については、これまで、文部科学省から課程認定を受けている600大学において、科目担当者の裁量により授業が行われていました。有り体に言えば、教職課程を設置している大学に対する実地視察はあるものの、A大学の「教育原理」は、B大学のそれとは内容もレベルも全く別物であることが常態化していたのです。古典的な学芸的な面のみを強調し、学校現場で教員養成に求めていることとは全く異なった内容の授業を行っている大学もあったのではないでしょうか。

一方、従前から、保育所には保育所保育指針、幼稚園には幼稚園教育要領、小中高と特別支援学校には学習指導要領があり、全国的に、何を目標に、何を教えるのかははっきりしていました。大学には、過去、そのようなものがなかったのです。筆者の周りの教育関係者以外の方々にその話をすると、みんな驚愕しており信じられないとの意見でした。

明海大学副学長
高野敬三

たかの・けいぞう　昭和29年新潟県生まれ。東京都立京橋高校教諭、東京都教育庁指導部高等学校教育指導課長、都立飛鳥高等学校長、東京都教育庁指導部長、東京都教育監・東京都教職員研修センター所長を歴任。平成27年から明海大学教授（教職課程担当）、平成28年度から現職、平成30年より明海大学外国語学部長、明海大学教職課程センター長、明海大学地域学校教育センター長を兼ねる。「不登校に関する調査研究協力者会議」委員、「教職課程コアカリキュラムの在り方に関する検討会議」委員、「中央教育審議会教員養成部会」委員（以上、文部科学省）を歴任。

科目	各科目に含めることが必要な事項	専修	一種	二種
教科及び教科の指導法に関する科目	イ　教科に関する専門的事項 ロ　各教科の指導法（情報機器及び教材の活用を含む。）（一定の単位数以上習得すること）	28	28	12
教育の基礎的理解に関する科目	イ　教育の理念並びに教育に関する歴史及び思想 ロ　教職の意義及び教員の役割・職務内容（チーム学校への対応を含む。） ハ　教育に関する社会的、制度的又は経営的事項（学校と地域との連携及び学校安全への対応を含む。） ニ　幼児、児童及び生徒の心身の発達及び学習の過程 ホ　特別の支援を必要とする幼児、児童及び生徒に対する理解（1単位以上修得） ヘ　教育課程の意義及び編成の方法（カリキュラム・マネジメントを含む。）	10	10	6
道徳、総合的な学習の時間等の指導法及び生徒指導、教育相談等に関する科目	イ　道徳の理論及び指導法（一種：2単位、二種：1単位） ロ　総合的な学習の時間の指導法 ハ　特別活動の指導法 ニ　教育の方法及び技術（情報機器及び教材の活用を含む。） ホ　生徒指導の理論及び方法 ヘ　教育相談（カウンセリングに関する基礎的な知識を含む。）の理論及び方法 ト　進路指導（キャリア教育に関する基礎的な事項を含む。）の理論及び方法	10	10	6
教育実践に関する科目	イ　教育実習（学校インターンシップ（学校体験活動）を2単位まで含むことができる。）（5単位） ロ　教職実践演習（2単位）	7	7	7
大学が独自に設定する科目		28	4	4
		83	59	35

こうしたことから、文部科学省は、「教職課程コアカリキュラムの在り方に関する検討委員会」を平成28年8月に立ちあげ、その報告書を平成29年11月にまとめ、中教審の教員養成部会に挙げ了承されました。この教職課程コアカリキュラムの優れた点は、教科に関する専門的な事項以外のすべての科目区分において、全体目標（科目を履修することにより学生が修得する資質能力）と一般目標（全体目標を内容のまとまりごとに分化させた目標）、到達目標（学生が一般目標に到達するために達成すべき個々の規準）を明示したことです。

教委の取組と役割―その2

こうした制度改正を受けて、まず、教育委員会に求められることは、教員採用選考の内容の改善です。各教育委員会は、それぞれ要項を定めて選考を行っていますが、47都道府県・政令指定都市の公表されている問題を見るとそれなりに工夫はされてはいますが、表面的は知識をクイズ的に出題している場合も多くあります。断片的な知識を問うのではなく、思考力・判断力を読み取ることに主眼を置き、少なくとも、各教育委員会の担当者は、「教職課程コアカリキュラム」を基に、そこで示されている到達目標として掲げられている事項を踏まえて問題を作成すべきです。

次に、先に述べました平成27年の中教審答申は、教員の養成・採用・育成の一体的改革がその根底にありますので、採用権者である教育委員会は、大学等の関係者を入れた「教員育成協議会」を設置して、教員育成指標（校長及び教員としての資質の向上に関する指標）を教育委員会主導で作成すべきです。

言うまでもなく、子供の教育を行う教員を採用する教育委員会は、遠慮なく大学に「モノを申し」、「本県では、こうした教員を育成するのであるから、養成段階できちんと対応すべきである」と姿勢を示すことが求められます。

次回は、教員等としての資質の向上に関する指標について取り上げていきます。

私の妹

福岡県筑紫野市立原田小学校長　**手島宏樹**

　今日は、校長先生が読み聞かせをします。題名は、「わたしのいもうと」です。静かに聞いてください。

　この子は、私の妹。向こうを向いたまま、振り向いてくれないのです。
　皆さん、妹の話を聞いてください。
　今から、7年前。私たちは、この町に引っ越してきました。トラックに乗せてもらって、ふざけたり、はしゃいだり。アイスキャンディーをなめたりしながら。妹は、小学校4年生でした。
　けれど、転校した学校で、あの、恐ろしい「いじめ」が始まりました。言葉がおかしいと笑われ、跳び箱ができないといじめられ、クラスのはじさらしとののしられ、「くさい」「ぶた」といわれ、ちっとも汚い子じゃないのに、妹が給食を配ると、受け取ってくれないのです。
　とうとう、誰一人、口をきいてくれなくなりました。一月経ち、二月経ち、遠足に行った時も、妹は一人ぼっちでした。（間をとって）やがて、妹は、学校へ行かなくなりました。
　ご飯も食べず、口も聞かず、妹は、黙って、どこかを見つめ、お医者さんの手も、振り払うのです。でも、その時、妹の体に、つねられたあざがたくさんあるのが分かったのです。
　妹は、やせ衰え、今のままでは、命がもたないと言われました。お母さんが、必死で、固く結んだ唇に、スープを流し込み、抱きしめて、抱きしめて、一緒に眠り、子守歌を歌って（間をとる）、ようやく妹は、命を取り留めました。
　そして、毎日がゆっくり流れ、妹をいじめた子たちは、中学生になって、セーラー服で通います。ふざけっこしながら、カバンを振り回しながら。でも妹は、ずうっと部屋に閉じこもって、本も読みません。音楽も聴きません。黙ってどこかを見ているのです。振り向いてもくれないのです。
　そしてまた、としつきが経ち、妹をいじめた子たちは、高校生。窓の外を通っていきます。笑いながら、おしゃべりをしながら、この頃、妹は、折り紙を折るようになりました。赤い鶴、青い鶴、白い鶴。鶴にうずまって……。でも、やっぱり、振り向いてはくれないのです。口をきいては、くれないのです。
　母さんは、泣きながら、隣の部屋で鶴を折ります。鶴を折っていると、あの子の心が、分かるような気がするの…。
　ああ、私の家は、鶴の家。私は野原を歩きます。くさはらに座ると、いつのまにか私も鶴を折っているのです。
　ある日妹は、ひっそりと死にました。鶴を手のひらにすくって、花と一緒に入れました。
　妹の話はこれだけです。
　手紙がありました。「私をいじめた人たちは、もう、私を忘れてしまったでしょうね。」「遊びたかったのに。勉強したかったのに」

　このお話にあったように、小学校4年生の時の「いじめ」が、妹の命を奪いました。
　「いじめ」は、人の命をも奪う、卑劣な行為です。
　校長先生は、いじめを「しない」、いじめを「させない」、いじめを「許さない」。そんな原田っ子に育ってほしいと思います。そして、もしいじめられている人がいたら、先生に相談してください。原田小学校の先生は、いじめられている原田っ子を絶対に守

ります。安心して、相談してください。

■講話のねらいとポイント

　全校朝会や始業式、終業式など、儀式的な行事の際には必ずと言っていいほど「校長先生の話」があります。数日前になってネタ探しをしてもなかなか見つかるものではありません。日頃から、新聞や雑誌、ニュースなどに目を通し、情報収集をしておくことが大事になります。「校長先生の話」は、子どもの今の状況や校長の思いを伝えるよい機会になります。私は、「校長先生の話」は、校長が全校児童に直接的に思いを伝えることができる「校長先生の授業」のチャンスだと考えています。その思いを発達段階が異なる子どもたちにうまく伝えるには工夫が必要です。今までの経験上、映像を使ったり、実際に先生や子どもに手伝って演技してもらったり、実物を提示したりなどの工夫が子どもたちの心をつかむことができるものだと感じています。

　今回は「いじめ」をテーマにした講話例を掲載しました。昨年度のいじめの認知件数は、全国で41万4378件でした。前年度より9万件増加しているという報告がありました。自殺に至った重大事態も報告されています。どこの学校でもいじめは起こり得るという認識で子どもの様子にアンテナを張り、いじめの早期発見・解決に尽力されていることと思います。校長が子どもたちにいじめの話をするとき、具体的事例は話しにくい面があります。また、説諭的に「いじめはしません」と形式的に伝えても、子どもの心にまでは伝わらないことも多いものです。そこで、今回の講話例は、松谷みよ子さん作の『わた

しのいもうと』という絵本を使い、各ページをスライドでスクリーンに映し出し、校長先生の読み聞かせというスタイルを採り入れました。

■5月の学校経営

　新しい時代「令和」が始まりました。10連休が終わり、軌道に乗っていた教育活動を再スタートさせるため、多くのエネルギーを費やしている先生方も多いことと思います。同じように感じている子どもも数多くいるのではないでしょうか。五月病という言葉があるように5月は子どもの心に微妙な変化が生じる時期でもあります。不登校児童生徒が多くあらわれるのもこの時期であり、いじめが顕在化し始めるのもこの時期ではないでしょうか。

　今回は、どこの学校でも起こり得るいじめに視点をあて、松谷みよ子　作『わたしのいもうと』（偕成社）の絵本をスライドで提示しながら行った読み聞かせの事例をお届けしました。

[参考・引用文献]
・松谷みよ子作『わたしのいもうと』偕成社

元陸上選手

為末 大

　競技者の人生は普通の人生と少し違いがあります。人生の前半に大きな波が来ること、そしてその波がとても大きなゆらぎであることが大きな2つの違いです。アスリートのピークはだいたい20代の中盤ぐらいであることが多いです。プロ選手やオリンピアンであれば、ピーク時は数万人の前で、自分の磨き上げてきた技で人生を大きく分けるような勝負を行います。その重圧も、また達成した時や解放された時の安堵感もとてつもなく大きなものがあります。

　一方で、人生の前半であまりに感情の起伏が激しいために、引退した後の人生を平坦で虚しく感じてしまうという弊害もあります。多くの選手が一度はこの悩みを抱えます。私もその一人です。

　私は6年前に引退しましたが、今は子育てと小さな会社の経営を頑張っています。朝は息子の弁当作りから始まります。ウインナーと卵焼きと息子が唯一食べる野菜、ブロッコリーとおにぎり4つが定番です。お弁当の残ったものを朝ごはんで食べ、8時半くらいに家を出発して、それから幼稚園に連れていきます。そのあと会社に行き仕事をして、週に3回は家で夜ご飯を食べます。寝る前には大体絵本を2冊読みますが、疲れていて読みながらそのまま寝ていることも少なくありません。

　家族3人で忙しくはありますが幸せな毎日を生きています。ただ、時々現役時代の興奮が蘇る時があります。日本で初めての、アジア人として初めての世界一になれるかもしれない。失敗すれば世の中の非難を浴び、成功すれば英雄として扱われる。たった0″01を削り出すために何年かける

淡々とした日々

ような世界でした。引退した今は息子が砂場遊びをするのを一時間ずっと待っています。忘れたと思っていた昔の記憶が、信号を待っている何気ない一瞬や、食卓で息子にブロッコリーを食べさせようと奮闘している瞬間にふと思い出されます。

それが最近、本当にここ一年ぐらいであまりなくなっていきました。次に何かやることが見つかったというわけではありません。人生を変えるような大きなことが見つかったわけでもありません。いつの間にか淡々とした毎日を楽しめるようになりました。過去に起きたことと比較したり、未来に期待をしたりしないで、今日をちゃんと進んでいくことに気持ちが向かうようになりました。

息子の弁当箱が足りなくなったので一つ大きな弁当箱に変えました。前に比べておにぎりが１つと、おかずが１つ分増えたぐらいの大きさになりました。息子はスキップができるようになりましたが、まだうまくでんぐり返しはできません。なるほど、二足歩行の獲得は自然に行われるが、回転感覚はまた別の機能なのか、など毎日発見があります。

ゴールを見据え逆算していくのではなく、今できることをやって後から考えようかな、と思うようになりました。幸福とはギャップだと思っていましたが、今は着想だと思っています。お弁当箱を先に決めて何を入れるか考えるやり方もありますが、先におかずを作ってみてそれからそれが入りそうな器を考えるやり方もあります。今を一生懸命生きてみて、あとでそれをまとめてみるのも、時間はかかりますが、一つの幸せではないかと思っています。

● Profile ●

1978年広島県生まれ。スプリント種目の世界大会で日本人として初のメダル獲得者。男子400メートルハードルの日本記録保持者（2019年５月現在）。現在は、Sports×Technologyに関するプロジェクトを行う株式会社Deportare Partnersの代表を務める。新豊洲Brilliaランニングスタジアム館長。主な著作に『走る哲学』『諦める力』など。

学校教育・実践ライブラリ〈Vol.2〉　59

教育長インタビュー
次代を創るリーダーの戦略 II
[第2回]

遠藤啓司 氏
山形県小国町教育長

保小中高一貫教育を柱に
町総ぐるみで学びのまちづくりを目指す

　広大なブナ林と豪雪。そのイメージから町全体が「白い森」と呼ばれる人口約7000人の山形県・小国町。ここで保育園から高校まで、切れ目のない子どもの成長を目指した保小中高一貫教育が進行中だ。「国際・情報」「白い森学習」など一貫カリキュラムを開発する一方、「白い森学習支援センター」が主催する講座は幼児向けから高校生向けまで多彩なプログラムが提供され、昨年の参加者は延べ約4000人にも上った。次代に生きる子どもの育成を目指す「町総ぐるみの教育」とは。遠藤啓司教育長に聞いた。

● 教育長インタビュー ●

一貫教育を支える3本柱

——重点施策を教えてください。

　小国町では、平成13年度から6年間、文部科学省の研究開発指定を受け、小中高一貫教育に取り組んできました。この取組を生かし、教育課程特例校指定により、特設教科「国際・情報」を設定し、「国際」「情報」「白い森学習」を柱とする保育園から高校までを一貫させた「保小中高一貫教育構想」を一昨年度に策定し、今年度から保育園を含め、本格実施に取り組んでいるところです。

　「国際」については、主体的に外国語を用いてコミュニケーションを図る資質・能力を育成することを目指し、保育園では「幼児ふれあい英語活動」、小中学校では特設教科の中での外国語活動や教科英語を通し、高校の外国語までを系統性をもって学ぶ取組を行っています。特に、幼児期・小学校低学年期においては、英語教育支援員を町費で採用し、平成25年度からの「幼児英語ふれあい事業」や開発指定時のノウハウなどを生かし、保育園と小学校の接続などを図る試みも行っています。

　「情報」では、これからの時代に特に必要と思われる情報活用能力の育成を目指し、メディアリテラシーやプレゼンテーション能力の向上、プログラミング教育など、現代の教育課題にマッチした学習活動に取り組んでいます。

　「白い森学習」は、地域を素材に探究的な学習を目指すもので、小学校3年から郷土学習として取り組むものです。特に、高校では、小中の総合を発展させ、より探究的な郷土学習とするために「地域文化学」と名付けた特設教科を設定しており、小中高一貫したカリキュラムとなっているのが特徴です。

　さらに、地域の企業との提携を生かしたキャリア教育、保育園からの系統的な特別支援教育にも取り組んでおり、「国際」「情報」「白い森学習」と併せ、それぞれが保小中高一貫カリキュラムとなっています。多様な学びの中で一貫教育を実現させようというのが本町の目指す教育なのです。

小中高合同学校運営協議会を発足

—— 一貫教育を生かした学校運営協議会に取り組んでいますね。

　本町では、平成26年度からコミュニティ・スクールがスタートしました。地域全体が学校応援団になってもらいたいとの願いで取組を進めてきましたが、平成29年度に山形県立小国高校が東北で初めて学校運営協議会を設置したことを受け、小中高合同学校運営協議会を発足させました。年数回の開催では、行事や学習活動、学校経営など様々な教育情報の交流などが行われています。小中一貫教育との両輪で進められているところがこの取組の特色です。

　さらに、昨年は初めての「熟議」も開催しました。小国の将来を担う子どもたちをどう育てるか、そのために何をすべきかといったことについて、分科会を含め熱心に議論が交わされました。これは地域の教育力を高めるだけでなく、町全体で子どもを育てようという機運の高まりにも役立っています。

学校教育・実践ライブラリ〈Vol.2〉　61

● 教育長インタビュー ●

多彩な学びの拠点「白い森学習支援センター」

——「白い森学習支援センター」とは。

「白い森学習支援センター」は、小国町の子どもたちの健全育成と、郷土愛をもって将来のまちづくりを担う人材育成を目指し、平成26年に設置されました。土曜日や長期休業日に、学校教育には収まらない多彩な校外学習の場を提供しています。

私がセンター長となり、町内小中高の学校長、学識経験者、企業代表者などで構成する「白い森学習支援センター推進協議会」を組織し、様々な意見を反映させながら、主に統括コーディネーター1名、地域コーディネーター2名が企画運営に当たっています。

具体的な活動としては、土曜や放課後には、幼児親子向けの英語・運動遊び講座、小学校低学年向けの英語・運動講座、小学校高学年向けのプログラミング講座、中学生向けの英検対応講座や学習講座、高校生向けの学力サポートプロジェクトなど、幼児から高校生までを視野に多彩な講座を開設しています。また、長期休業中には、小学生向けの絵・理科・感想文などの「おたすけ講座」、廃校舎を利用した地域体験学習講座、小中学生向けの地元企業サイエンス講座、高校生向けのキャリアプランニング講座など、多彩で豊かな学習機会を提供しています。

これらの講座には、大学の研究者や退職教員はもとより、地域住民、企業関係者などが講師を務めており、中には、中学生ボランティアによる小学生向け講座なども実施されています。

昨年度の参加者は、幼児・小中高の児童生徒、保護者、ボランティアを含め、延べ3977名となりました。7000人の町の中で、これだけの子ども・大人が学習活動に取り組んでいることにとても手応えを感じています。

——どのような成果がありましたか。

子どもたちの成長段階に合わせて必要かつ効果的な学習を提供できていること、英語教育やプログラミング教育など、今の教育課題にマッチした学習機会を提供することで、新学習指導要領への対応にもつながっていること、そして、質の高い学習を支える指導陣を発掘したり、中高生を指導ボランティアに登用することを通して、多彩な人材を有効活用できていることです。

町内のすべての人々が学び手となり、教え手となることで、子どもたちを中心に、町全体が学び舎となります。その拠点が白い森学習支援センターなのです。

町総がかりの教育を目指す

——教育に対する考えを。

Society5.0といわれる新しい時代を迎える中で、教育の不易と流行を見極めながら、子どもたちに予測不能な将来で生きていく力を身に付けさせていくことが求められています。そのためには、教育委員会・学校・家庭・地域が協働する社会総がかりの教育改革を進めていく必要があると考えています。保小中高一貫教育を柱に、コミュニティ・スクールづくりを進め、白い森学習支援センターが地域学校協働本部としての役割を担いながら、

子どもたちが豊かに成長していける、社会総がかりの学びの支援体制を築いていきたいと思っています。子どもたちへの多種多様な学習支援ボランティアの輪が広がり、白い森子ども応援隊となっていくことを願っているのです。さらには、子どもたち自身が学びやボランティア活動を通して、地域に元気を与える源となるような、互恵的な協働関係を築いていってほしい。そして、こうした学びの輪の広がりを通して、地域社会全体が活性化されるようなまちづくりにつなげていくことを目指したいと考えています。

――教育長として大事にしていることは。

　教育長として心掛けていることは、不易と流行の見極めとバランス、目的と手段の明確化といった、小国の教育を進めていくための着眼や判断を大事にすること、子どもの命を守ることを第一義に考え判断し行動する危機管理された教育環境の整備です。そして何よりも、未来社会をたくましく生き抜く子どもの学びを保証するための学校・家庭・地域が協働する「総がかりの教育」を大事にしたいと思っています。

――座右の銘を。

　「前進・進化・発展」です。これは私が体育教師であったころから大事にしてきたことですが、とにかく、立ち止まらない、磨き上げ深めていく、そして次に進むといった、前向きな姿勢を常にもち続けること。これを自分自身のエネルギーの源としています。

――学校現場に期待することは。

　これからの時代には読解力と情報活用能力がとても大事になってくると思います。それは、誰とでも対話し、思考・判断・表現しながら協働して

新しい価値を生み出していく力を子どもたちに身に付けさせていくことが求められるからです。そのような新しい学びに、教員は対応できなければなりません。子どもたちの多様な学び、多様な価値観に柔軟に対応でき、未来社会に生きていける子どもを育てられる教員であり、教員集団であってほしいと思っています。そのことを理解し実践し、新学習指導要領が目指す教育のあり方を模索していってほしい。そのために、教育委員会として、子どもたちが確かに成長していける切れ目のない学習機会の開発や家庭・地域を巻き込んだ町ぐるみの教育環境の整備に努めていきたいとおもっています。

（取材／編集部　萩原和夫）

Profile

えんどう・けいじ　昭和27年小国町生まれ。日本体育大学卒業後、高校教師として体育を指導。県教委で社会教育主事などを務めたのち、平成17年山形県立荒砥高校長。山形県教育庁スポーツ保健課長を経て平成22年県立山形中央高校長。定年退職後の平成25年より現職。趣味・特技はクロスカントリー、山野草栽培など。

ONE THEME FORUM
ワンテーマ・フォーラム

現場で考えるこれからの教育

■今月のテーマ■

仕事に生きる！　私の休み時間

授業づくりや児童生徒指導はもちろん、部活動や保護者対応など、山積する学校現場の課題は、過剰な勤務負担によるメンタルヘルス不全や、休職者の増加を引き起こし、教師の働き方改革が強く叫ばれています。
いま、勤務時間の適正化などを通して、すべての教職員が心身共に健康でやりがいや誇りを持てる働き方が求められているのです。
今月は、「仕事に生きる！　私の休み時間」をテーマに、学校現場の先生方が、限られた「オフ」の時間に取り組んでいることをご紹介いただきます。
校内外の教職員への指導・支援を通し、その働き方や成長について研究してこられた大阪市立堀江小学校長の中山大嘉俊先生をお迎えし、以下の皆さんに、管理職として、ミドルリーダーとして、仕事へのモチベーションやキャリアにつながる余暇の活かし方を語ってもらいました。

■ご登壇者■

大阪市立西船場小学校長	神田　敏生	先生
大阪市立堀江小学校教務主任	疋島　和恵	先生
大阪市立滝川小学校指導教諭	坂口　朋子	先生
大阪市立新森小路小学校教諭	千守　洋行	先生
大阪市立堀江小学校長	中山大嘉俊	先生

ONE THEME FORUM

ワンテーマ・フォーラム

仕事に生きる! 私の休み時間

私にとっての休日とは……

大阪市立西船場小学校長 **神田敏生**

　私は現在、小学校で勤務しているが、もともとは中学校の教諭である。中学校の教諭の頃は、バスケットボール部の顧問をしていたこともあり、土日祝日は殆ど休み無く、練習や試合というように、生徒たちと過ごす時間が多かった。

　また、教頭職の頃には、平日における多岐にわたる業務が非常に多く、膨大な提出書類の作成に土日や祝日の休日を費やすような状態であった。そして、出勤しない休日には日頃の疲れをとり、次の1週間を元気に乗り切るために本当の意味で体を休め、しっかりと睡眠をとることを心掛けていた。

　したがって、教職に就いてからの20数年間は、土日や祝日等の休日に趣味の何かを楽しむというようなこととは全く無縁の生活を送ってきた私である。

　校長職に就いた現在は、以前より少し、時間にもゆとりができたのは確かである。しかしながら、ゆとりある時間を上手に過ごす術を知り得ない私は、「有意義な時間の過ごし方」について自分なりに考えることで、何となくではあるが、自分の時間をもてるようになってきた。

　そのような中でも、もう5年になるだろうか。休日に何とか時間を見つけては、毎月1回、奈良県の桜井市三輪にある「大神神社」へ参拝に行くことは続けている。自宅からも車では1時間弱で行ける距離であり、どちらかと言えばドライブ好きな私にとっては程よい距離でもある。「大神神社」へ行くと、特に何をするわけではないが、なぜか不思議なことに

心が洗われ、言葉のとおり、私にとっては「英気を養う」ための心が落ち着く場所となっている。豊かな自然の中で、都会とは違った澄んだ空気や四季折々の木々の様子を肌で感じることが、仕事の次への活力を生み出してくれているようにも感じる。

　さらに、最近大切にしていることは、家族と一緒に過ごす時間を少しでも多くもつということである。自分のために休日を有意義に過ごすことは、もちろん大事なことではある。が、家族との食事中や、ショッピングに出かけたりしている時に、妻や娘たちの話を「聴く」ことで、話し相手が幸せを感じてくれるなら、こんなに素敵な休日はないのではないだろうか。教諭の頃、家族との時間をおろそかにしてきた私にとっては、今、日常起こる、ちょっとした家族との時間が私の仕事への活力になっていることは過言ではない。

　私も含め多くの日本人は休むことが苦手で、勤勉さを尊ぶ慣習がまだまだ根強く残る時代である。しかし、昨今「働き方改革」や「人生100年時代」というような言葉がよく使われ、耳にする機会も多くなった。私自身、仕事以外の時間をいかに有意義に過ごすのか、また仕事への英気を養うためにも、仕事の時間と仕事以外の時間とのオンとオフの切り替えをしっかりと行いながら、もっともっと楽しめる何かを見つけ、これからの人生を歩んでいきたい。

ONE THEME FORUM
ワンテーマ・フォーラム
仕事に生きる！　私の休み時間

糧となるのは家族とのコミュニケーション

大阪市立堀江小学校教務主任　疋島和恵

　教務主任をして3年目になります。仕事は、大きく次の2種類です。

　一つは定型的な仕事です。学校行事の計画や教育課程の編成、PTAや地域との調整等は、計画的に準備し何かしらの工夫を加えるように心がけています。個々に関する知識も全体的な視野も必要なので勉強になります。

　もう一つは、マネージャー的な仕事です。学級や学年、教職員間がうまくいっているかに気を配り、相談に乗ったり、助言したり、手伝ったりします。

　また、職場には、例えば、電話対応や来客との応接、細かい環境整備など校務分掌にはない「誰がするの」といった"隙間の仕事"が山盛りあり、その隙間を気持ちよく働けるように率先して埋めるようにしています。これらの仕事は、担任の時には気付かなかったことも発見できたりするので面白いことも多いのですが、いつも忙しいのは確かで、しかも、きりがありません。そのために一日の仕事を終える頃には結構、疲れています。それを癒し、また仕事に向かうことができるのは、私の場合、家庭と仕事とのバランスを保つことと、わが子とのコミュニケーションです。

　平日は、例えば、毎朝子供たちにお弁当を作ることで「母親としての役割をした」と自己満足する、一日の終わりに「今日も頑張った」と自分を褒めるなどしています。

　休日は、子供たちと普段できない会話をしたいので根掘り葉掘り聞きだそうと試みます。でも、10代後半の子供たちには疎ましいようです。そこで、夜の散歩に誘います。1時間程度、近所をぐるっと回ります。夜の散歩は、風景も日常と違って見えますし季節の変化も感じながら歩いていると開放的な気分になり、口数の少ない息子も家の中よりよく話すようになります。小学校や中学校の通学路を歩くと、懐かしいなあと言いながら昔話が進みます。当時ちっとも話してくれなかったことをたくさん話してくれます。

　子供たちと気持ちを共有できるこのような時が私にとってかけがえのない瞬間です。職場でも、人と思いが通じ合うこのような時が多くなれば、もっと頑張れるでしょう。

　今、先生方の仕事をスリムにしていく校内プロジェクトを任されています。学校行事の精選や会議の簡略化を図り、先生たちがもっと自由に費やすことができる時間を作り出そうとしています。ただ、その余剰として生まれた時間を"心の余裕"を生み出すために使うことができるのか。自分の生活について、一生懸命に働いている若手の先生と一緒に考えていくのも、職場の雰囲気や長時間勤務の改善につながっていくのではないでしょうか。

　先生たちが、限られた時間で仕事とオフを使い分け、子供たちにより良い指導をすることができるように、まだまだできることを考えていきたいと思っています。

ONE THEME FORUM
ワンテーマ・フォーラム
仕事に生きる！　私の休み時間

『わたし、定時で帰ります。』

大阪市立滝川小学校指導教諭　**坂口朋子**

　今、私が大好きなドラマのタイトルである。
　教職に就き、約30年。定時に帰れない時もあるが、基本的には定時に帰り、自分の時間をもつようにしてきた。それが私のライフスタイルであり、これまで長く教職を続けることができた要因の一つでもある。
　大学を卒業して教師になり、2年目で結婚、3年目に娘を出産、4年目に息子を出産。0歳と1歳の二人の子供を保育園に預け、出勤。もちろん、担任をしながらの生活である。主人も教員であり、協力して育児をした。
　当時、こんなことがあった。どうしても仕事が片付かず、保育所のお迎えが夜7時を過ぎた。門の前で二人の子供が保育園の先生と泣きそうな顔で待っていた。その時私は、「ごめんね」と言いながら、二人の子供を抱きしめたことを今でも思い出す。
　育児と仕事を両立するために、いかに効率的に見通しをもって仕事をするかをいつも考えた。全ての学年の担任を経験し、生活指導部長、研究部長等、校務分掌の重要な役職も勤めてきた。それをこなす気力のもとになっているのが、我が子の成長と愛犬の存在、そして、ダンスである。
　私は、自分で言うのも恥ずかしいが、好奇心旺盛である。ピアノ、ドライブ、海外旅行、スポーツジムでのダンス系プログラムなど、趣味がたくさんある。だから、仕事は定時で終えたい。
　仕事から帰宅すると、家事を行い、スポーツジムへ。ダンスエアロやズンバのレッスンは週に五日。二つのスポーツジム、一つのサークルに入っている。そこでは、学校とは全く違う世界。様々な年齢層、職業の人とふれ合う。インストラクターの先生の指導の仕方も勉強になる。約1時間で上手く生徒を導き、ダンスを完成させる。(ふと、こんなことを考える。自分の授業は、1時間でこんなに達成感のある授業ができているのか？　と。)
　レッスンを受けた後のスカッとした気持ちは、仕事の疲れも吹き飛ばし、熟睡である。
　私にとって、趣味は、色々な「もの、こと、ひと」との出会いであり、自分らしく生きるために欠かせないことである。教職の仕事にもプラスに働いている。授業を創る時、さまざまな出会いによって広がった視野が、閃きや発想を見いだす。そして、私自身が笑顔でポジティブな姿を見せることが、クラスの子供たちの生き生きとした姿につながると思う。
　今日も、仕事の内容を精選し、仕事の段取りを考える。しかし、目の前の子供たちとのふれ合いを第一に。
　『わたし、定時で帰ります。』
　これは、私の合言葉である。

ONE THEME FORUM

ワンテーマ・フォーラム
仕事に生きる！　私の休み時間

楽しい子育てに夢中です

大阪市立新森小路小学校教諭　千守洋行

小学校の頃の恩師のような優しい教師になりたいと思い教師になり、10年目です。

子供は二人。2歳の子と、産まれて2週間の子です。家事は分担するよう心がけています。自分の両親もきっと大変な思いをして育ててくれたんだなと日々感じています。

休日の朝は、洗濯から始まります。その後、上の子に朝ごはんを食べさせて近くの鶴見緑地公園に自転車で向かいます。鶴見緑地には、たくさんの人がいます。その多くの方々が、笑顔で私の子供に話しかけてくれます。当の本人は人見知りですぐ泣いてしまいますが、人と関わる中できっと成長してくれることと思います。

子供と一緒に遊ぶようになって、空の色、草や土の匂いや動物の匂い、川の水の冷たさなどを思い出しました。子供と過ごす時間は、これまで気にもとめなかったようなことの本質を考えるきっかけをくれています。「本当に大切なのは目には見えないんだよ」と「星の王子さま」に出てくるキツネに言われているようです。

家に戻り、お昼ご飯を食べた後はお昼寝です。この2時間が勝負です。翌1週間分の授業準備をします。これまで頑張って残しておいた授業ノートは本当に大切な財産になっています。そのノートをもとに授業準備をしていると、あっという間に子供が目覚める時間になります。その後は、夕方のお散歩に息子お気に入りの三輪車に乗ってでかけ、帰ってき

たら晩御飯です。

晩御飯の後は一緒に子供とお風呂に入り、妻がお風呂からあがるのを待ち、気付けば8時半を過ぎています。30分程かかり寝かしつけ、それから洗濯物第2弾を回しながら教材研究へ……。

私の休日はこのように、子供中心です。授業の準備や、本を読む時間が以前ほど取れなくなりましたが、子供と出かけて経験したことが授業やクラスの子と関わる上でヒントにならないかを考えたり、時間を見つけて本を読むようにしたりしています。

また、今年から新たに、学級通信でのコラム「子育て奮闘記」をスタートし、保護者の方に私の育児の悩みをオープンに書いて相談しています。

保護者のみなさんは、とても親身にアドバイスをくれます。

休日に全力で子育てをすることは、自分にとっても子供にとってもきっとかけがえのない時間になると思って頑張っています。また、子育ての悩みにアドバイスができるようになれば教師としても少しレベルアップできるはずです。

そう信じて、これからも、楽しみながら家事、子育てを頑張ります。

ONE THEME FORUM
ワンテーマ・フォーラム
仕事に生きる！　私の休み時間

忙裡偸閑
オフの時間は無理なく楽しく

大阪市立堀江小学校長　中山大嘉俊

　「24時間働けますか」や「5時から男」といったCMが話題になった約30年前、当時30代半ばだった私も、平日は遅くまで仕事をし同僚と飲みに行く、休日は家族で遊園地や公園に行くというようにオンオフ関係なく闇雲に生活を送っていたように思います。

　教務主任や教頭になってからは、いざ休みの日がきても何もしないまま一日が終わってしまい、時間を損した気になり苛立つこともありました。ようやくこの歳になって、昔は素通りしていた寺社へ行っても、退屈だったクラシックを聴いてもそれなりに楽しめるようになったので、よく出掛けるようになりました。

　今、働き方改革を背景に、仕事の仕方やオフの過ごし方まで自分で選択することが求められています。オフの過ごし方も十人十色でしょうが、納得のいくいい時を過ごすことは誰しも望むところでしょう。そのために、次の4点について考えてみてください。

　一つ目は、「～ねばならない」から自分を解放することです。「有意義に」という思いに囚われると、「休日に何もしないのは悪い」と考えがちで焦燥感が募ります。休日だからといって特別なことはしなくていいんだと自然体でいられることが何よりです。また、疲れている時は、身体や心が休息を求めているのですから無理をしないことです。

　二つ目は、仕事とオフとの関係です。例えば、いち早く週休二日制を始めた松下幸之助氏は「いい仕事には教養がいる」という理由で「1日休養、1日教養」を説きました。自分のスキルアップ、家族とのコミュニケーション、休日にしかできないことをする……、何を優先するか、目的意識が明確なら時間も有効に使えます。私も実は学生もしています。

　三つ目は、「楽しむ」ことです。仕事を終えて習い事、友人とコーヒー、休日には読書やハイキング……。ところが、したいことが何も浮かばない時があります。そんな時、私は自分の部屋を掃除することにしています。すると、何だかやる気が出てくるから不思議です。兎に角、簡単にできるワンアクションは試してみる価値があります。

　四つ目は、「オフの時間」とは生涯に渡る付き合いだということです。令和の始まりの十連休はこれまでにない長さだったので、退職間近の私の場合、先輩の「毎日が日曜」という言葉が頭を過ぎりました。オフの過ごし方は、年齢や健康状態、自分の置かれている状況等によって変わっていくのでしょうが、少なくとも、ストレスを生まない付き合いを心掛けたいものです。

　仕事がある日のオフも休日も、仕事が充実していないと、オフも充実しないのは確かでしょう。心のゆとりも必要です。仕事をバリバリやってさっと切り替え、後は好きなことに時間を割き楽しむ、かっこいいですよね。そうありたいと思います。

新しい学習指導要領が描く「学校」の姿とは──。
明日からの「学校づくり」に、その課題と方策がわかる!

次代を創る 「資質・能力」を育む 学校づくり

全3巻

吉冨芳正（明星大学教育学部教授）【編集】

A5判・各巻定価（本体2,400円＋税）送料300円
セット定価（本体7,200円＋税）送料サービス

■巻構成

第1巻 「社会に開かれた教育課程」と新しい学校づくり

第2巻 「深く学ぶ」子供を育てる学級づくり・授業づくり

第3巻 新教育課程とこれからの研究・研修

次代を担う子供を育む学校管理職・次世代リーダーのために──。
学校経営上押さえるべきポイントを、卓越した切り口で解説!

学校の明日を拓く
リーダーズ・ブック!

○新学習指導要領は「どう変わるか?」では対応しきれません。

○次代を担う子供を育む「学校」「学級」「授業」には、構造的な改善が求められます。

○本書は、精選した切り口・キーワードから課題と方策を明示。明日からの学校経営をサポートします。

管理職試験対策にも必備!

新課程の課題の最終チェックはこのシリーズで！

●2030年の社会に向けた新・学校像を徹底考察

第1巻 「社会に開かれた教育課程」と新しい学校づくり

第1章	これからの学校づくりと新学習指導要領	吉冨芳正	（明星大学教授）
第2章	中央教育審議会答申を踏まえた新たな学校経営課題	寺崎千秋	（一般財団法人教育調査研究所研究部長）
第3章	「社会に開かれた教育課程」の実現 ──「総則」を学校づくりの視点から読む──	石塚　等	（横浜国立大学教職大学院教授）
第4章	次代の子供を育てる学校教育目標	天笠　茂	（千葉大学特任教授）
第5章	「カリキュラム・マネジメント」で学校を変える	赤沢早人	（奈良教育大学准教授）
第6章	「チーム学校」で実現する新教育課程 ──これからの組織マネジメント──	浅野良一	（兵庫教育大学教授）
第7章	地域との新たな協働に基づいた学校づくり	佐藤晴雄	（日本大学教授）
第8章	小中連携・一貫教育を新教育課程に生かす	西川信廣	（京都産業大学教授）
第9章	特別支援教育への新たな取組み	安藤壽子	（NPO法人らんふぁんぷらざ理事長・元お茶の水女子大学特任教授）
第10章	メッセージ：新たな学校づくりに向けて	岩瀬正司	（公益財団法人全国修学旅行研究協会理事長・元全日本中学校長会会長）
		若井彌一	（京都光華女子大学副学長）

●一人一人の学びの質をどう高め、豊かにしていくか。多角的に解説

第2巻 「深く学ぶ」子供を育てる学級づくり・授業づくり

第1章	新学習指導要領が求める子供像	奥村高明	（聖徳大学教授）
第2章	中央教育審議会答申と授業づくりの課題	髙木展郎	（横浜国立大学名誉教授）
第3章	「深い学び」を実現する授業づくりの技法	田中博之	（早稲田大学教職大学院教授）
第4章	「社会に開かれた教育課程」を実現する単元構想	藤本勇二	（武庫川女子大学講師）
第5章	授業改善につなぐ学習評価の在り方	佐藤　真	（関西学院大学教授）
第6章	次代を創る資質・能力の育成と道徳教育・道徳科	貝塚茂樹	（武蔵野大学教授）
第7章	次代を創る資質・能力の育成と特別活動	杉田　洋	（國學院大学教授）
第8章	学校図書館の機能を生かした学習活動や読書活動の充実	佐藤正志	（元白梅学園大学教授・日本学校図書館学会副会長）
第9章	教育課程の基盤をつくる学級経営	宮川八岐	（城西国際大学非常勤講師）
第10章	新教育課程と一体的に取り組む生徒指導・教育相談	嶋﨑政男	（神田外語大学客員教授）
第11章	メッセージ：これからの授業づくりに向けて	髙階玲治	（教育創造研究センター所長）
		向山行雄	（帝京大学教職大学院教授）

●次代の学校を担う教師集団とは。力量形成のポイントを提示

第3巻 新教育課程とこれからの研究・研修

第1章	新学習指導要領で変わる校内研究・研修	村川雅弘	（甲南女子大学教授）
第2章	カリキュラム・マネジメントの研究・研修と実践課題	吉冨芳正	（明星大学教授）
第3章	資質・能力の育成を実現する単元構想の追究	奈須正裕	（上智大学教授）
第4章	「主体的・対話的で深い学び」を実現する授業研究	藤川大祐	（千葉大学教授）
第5章	新教育課程の軸となる言語能力の育成と言語活動の追究	田中孝一	（川村学園女子大学教授）
第6章	「考え、議論する道徳」指導と評価の工夫の追究	林　泰成	（上越教育大学教授）
第7章	9年間を見通した外国語活動・外国語科 ──カリキュラムと学習活動の工夫の追究──	菅　正隆	（大阪樟蔭女子大学教授）
第8章	「資質・能力」の育成を見取る評価方法の追究	西岡加名恵	（京都大学大学院教授）
第9章	アクティブな校内研修への転換	野口　徹	（山形大学准教授）
第10章	メッセージ：新教育課程に挑む教師たちに向けて	新谷喜之	（秩父市教育委員会教育長）
		古川聖登	（独立行政法人教職員支援機構事業部長（併）次世代型教育推進センター副センター長）

＊職名は執筆時現在です。

●お問い合わせ・お申し込み先

㈱ぎょうせい

〒136-8575 東京都江東区新木場1-18-11
TEL：0120-953-431／FAX：0120-953-495
URL：https://gyosei.jp

講座 単元を創る [第2回]

資質・能力ベイスの単元を創る

島根県立大学教授
高知県教育委員会事務局学力向上総括専門官
齊藤一弥

■summary■
資質・能力ベイスの単元づくりは、既存の単元で用いられてきた教科目標や指導計画の全面的な読み直しを必要としている。目標や内容等の連続性、見方・考え方の一貫した成長プロセスを重視して、資質・能力を段階的に高めていく単元を描いていくことが期待されている。

資質・能力ベイスでの単元づくりへの転換

今回の学習指導要領の改訂は、それまでの内容ベイスから資質・能力ベイスへの転換という大きな変化を伴っている。このことは、これまでのカリキュラム・マネジメントにも大きな変化を求めてくる。つまり、単元を創るという仕事が、これまでの内容ベイスの教育課程から資質・能力ベイスの教育課程へという新たな視点を求めているということである。

これまでの学習指導要領の改訂では、教科目標の特色および重点や指導内容等が変更されたことを受けて、既存の単元をいかに書き換えるかが仕事の中心であった。しかし、今回は資質・能力ベイスで示されたことにより、既存の単元で用いられてきた教科目標や指導計画を全面的に読み直すことから仕事を始めなければならない。三つの柱の資質・能力での目標設定をはじめとして、見方・考え方を働かせた教科らしい学習活動の組織、見方・考え方の成長を支えていく指導計画など、カリキュラムの編成の段階において何を為すべきかを全学校で共有することから始める必要がある。

また、当然のことながら編成したカリキュラムの運営・改善においても、資質・能力の育成の把握や見方・考え方の成長を確認するために、旧来の評価の視点、時期や方法などについても読み直していかねばならない。単なる評価・評定の観点の変更による書き直しに終わらずに、子供の見方・考え方の成長が育成すべき資質・能力の変容を支えていく過程を、客観的かつ妥当性のある規準で把握することが期待されている。このことは新たな資質・能力ベイスの単元を創ることを各学校のカリキュラム・マネジメントの推進・充実への出発点にすることを求めている。

その一方で、新たな単元づくりは、誰もが未経験な上、全国的に学校の小規模化や急速な世代交代など人的に難しいだけでなく、全面実施を目前に控えて時間的にも厳しい。このような環境下で、資質・能力ベイスのカリキュラム・マネジメントを推進していくことは決して容易なことではないが、教育委員会等が示す教育課程の編成方針やカリキュラム例等や新基準に基づいた教科書を参考にして、各学校がカリキュラムの骨格を明確にすることから始めていく必要がある。また、同校種間、中学校区内学校間で連携を図って、カリキュラム・マネジメントの協働を積極的に進めていくことも期待されている。これまでの単元づくりの考え方や進め方を転換していくことも必要になっている。

見方・考え方を基軸に据えた単元を いかに創るか

　今回の学習指導要領の改訂では、幼稚園から高等学校までの学びの連続性が強調され、目標や内容等の連続性が重視された。また、これらには見方・考え方の一貫した成長プロセスで示されている。校種や学年を越えて、資質・能力がグレーディングされており、それを意識しながら段階的に高めていくことが期待されている。

　次に示すのは、算数科の「変化と関係」、数学科の「関数」の領域の思考力・判断力・表現力等の内容の一部である。

小6 伴って変わる二つの数量を見いだして、それらの関係に着目し、目的に応じて表や式，グラフを用いてそれらの関係を表現して、変化や対応の特徴を見いだすとともに、それらを日常生活に生かすこと。

中1 比例、反比例として捉えられる二つの数量について、表、式、グラフなどを用いて調べ、それらの変化や対応の特徴を見いだすこと。

中2 一次関数として捉えられる二つの数量について、変化や対応の特徴を見いだし、表、式、グラフを相互に関連付けて考察し表現すること。

中3 関数 $y=ax^2$ として捉えられる二つの数量について、変化や対応の特徴を見いだし、表、式、グラフを相互に関連付けて考察し表現すること。

高校数学Ⅰ
二次関数の式とグラフとの関係について、コンピュータなどの情報機器を用いてグラフをかくなどして多面的に考察すること。

　学校種、学年が進むにつれて、学習対象への着眼点が多面的かつ多角的に、数学ならではの関わり方がより高まっていくことを読み取ることができる。つまり、見方・考え方が成長していく過程を意識しながら三つの柱の資質・能力の育成を目指す単元を創ることが必要になってくる。

　小中学校間の連携を意識した教材分析はもとより、今後は高等学校の指導内容とのつながりも意識した単元づくりに関心をもつことも期待される。子供の見方・考え方は校種を越えて成長しており、その成長を支えるためには、校種内に閉じたカリキュラム・マネジメントでは限界がある。これま

でそれぞれの校種でカリキュラムは編成され、その運営・評価・改善も閉じた中で行われてきており、同教科であっても異校種の目標はもとより、指導内容や指導配列も理解していないのが状況であった。これでは資質・能力ベイスの学びを連続して支えていくことは難しい。

　昨今の学校環境を踏まえると、むしろ中学校区の小中学校が積極的に連携して、学びの連続に視点を据えたカリキュラム・マネジメントの協働を推し進める方が授業改善には効率的である。小中学校がチームで単元づくりに取り組むという両校種の学校の協働がプラスの相乗効果を生むことになる。つまり、小中学校の協働による単元づくりは、双方が別々に行う単元づくりよりも質の高い仕事を可能にすると言える。

　そのためには、資質・能力ベイスの単元づくりのゴールを共有して、チームでのマネジメントを機能させることが大切である。単元づくりの方針、達成すべき方向の共有は、これまでは「ずれ」があった理念・価値観、そして使命感などに統一感をもたらすことにもなる。今後、異校種連携の課題とされてきた空間的・時間的な壁を、作業の効率化や知見を実践に活かす持続可能な仕組みの構築などによって乗り越えていくことが期待されている。

[引用文献]

- 齊藤一弥・高知県教育委員会編著『新教育課程を活かす能力ベイスの授業づくり』ぎょうせい、2019年、pp.174-175

Profile

さいとう・かずや　横浜国立大学大学院修了。横浜市教育委員会首席指導主事、指導部指導主事室長、横浜市立小学校長を経て、29年度より高知県教育委員会事務局学力向上総括専門官、30年10月より現職。文部科学省中央教育審議会教育課程部会算数・数学ワーキンググループ委員。近著に『新教育課程を活かす能力ベイスの授業づくり』。

連続講座・新しい評価がわかる12章 [第2回]

指導要録の改訂ポイント

● POINT ●

今次の指導要録は、資質・能力の三つの柱が育まれるようにカリキュラム・マネジメントに資する点から「効果的」であり、学校の働き方改革の観点から「簡素で簡潔」でもあるという、真に「簡素で簡潔そして効果的」な指導要録に改善された。

●指導要録に関する通知の要点

　平成31（2019）年3月29日、文部科学省「小学校、中学校、高等学校及び特別支援学校等における児童生徒の学習評価及び指導要録の改善について（通知）」が出された。この通知では、「1.学習評価の基本的な考え方、2.学習評価の主な改善点について、3.指導要録の主な改善点について、4.学習評価の円滑な実施に向けた取組について、5.学習評価の改善を受けた高等学校入学者選抜、大学入学者選抜の改善について」が示されている。

　前回述べたように、今次の学習指導要領の改訂とともに検討された学習評価の改善は、資質・能力の三つの柱を育成することに「効果的」であることが重要である。すなわち、カリキュラム・マネジメントの一環としての学習評価である。

　それとともに、本通知では以下のような記述が見られる。「1.学習評価の基本的な考え方」の「(3)学習評価について指摘されている課題」では、「相当な労力をかけて記述した指導要録が、次の学年や学校段階において十分に活用されていない」と。その上で、「3.指導要録の主な改善点について」では、「教師の勤務負担軽減の観点から」「記載事項を必要最小限にとどめるとともに」「その記述の簡素化を図ることとしたこと」も見られる。また、本通知に先立つ平成28（2016）年1月18日の中央教育審議会総則・評価特別部会での資料6-2（p.27）「教員の時間外勤務、持ち帰り業務」では、教員勤務実態調査をもとに小・中・高等学校ともに「成績処理」が占める割合が高いことをデータによって示していた。

　すなわち、今回の指導要録の改善は、学校における働き方改革の観点からの改善を図るという「簡素で簡潔」であることも重要なのである。一言で表すならば、今回は「簡素で簡潔そして効果的」な指導要録といえよう。以下では、それを通知で示された指導要録（参考様式）（以後、「様式」）で見てみよう。

●従前の様式との違い

　様式は、様式1（学籍に関する記録）と様式2（指導に関する記録）からなる。様式1は、従前との違いはない。様式2は、左の「各教科の学習の記録」は、従前は「I観点別学習状況」（小学校は1年から6年。関心・意欲・態度、思考・判断・表現、技能、知識・理解を基本とする概ね4観点）と「II評定」（小学校は3年から6年）の2つからなっていた。今回は、各教科すべてが知識・技能、思考・判断・表現、主体的に学習に取り組む態度の3観点と評定とを一体とし、教科ごとの4つの記入欄となった。右上の「特別の教科 道徳」は、各学年ごとに学習状況及び道徳性に係る成長の様

関西学院大学教授 佐藤 真

さとう・しん　1962年、秋田県生まれ。東北大学大学院博士後期課程単位取得退学。兵庫教育大学大学院教授、放送大学大学院客員教授などを経て、現職。中央教育審議会専門委員、中央教育審議会「児童生徒の学習評価に関するワーキンググループ」委員、文部科学省「学習指導要領等の改善に係る検討に必要な専門的作業等」協力者、文部科学省「教育研究開発企画評価会議」委員、文部科学省「道徳教育に係る学習評価の在り方に関する専門家会議」委員、国立教育政策研究所「総合的な学習の時間における評価方法等の工夫改善に関する調査研究」協力者、独立行政法人大学入試センター「全国大学入学者選抜研究連絡協議会企画委員会」委員などを務める。

子を、文章記述する欄となった。小学校では右上から2つめは「外国語活動の記録」で、従前は5・6年でのコミュニケーションへの関心・意欲・態度、外国語への慣れ親しみ、言語や文化に関する気付きの3観点ごとの文書記述欄であった。今回は、3・4年での知識・技能、思考・判断・表現、主体的に学習に取り組む態度の3観点について、学年ごとに一括して文章記述する欄となった（5・6年の外国語は「各教科の学習の記録」）。次の「総合的な学習の時間の記録」は、従前同様に当該学年ごとに学習活動、観点、評価の3つそれぞれについて個別に記入するものであるが、小学校では記載欄が縮小された。下の「特別活動の記録」は、従前同様に各学校で定めた特別活動全体に係る評価の観点を記入した上で、3活動と学校行事ごとに評価の観点に照らして十分満足できる活動の状況にあると判断される場合に、○印を記入するものである。

● 学習評価と指導要録の円滑な実施に向けた取組

以上、カリキュラム・マネジメントの一環としての指導と評価の点から、「各教科の学習の記録」は資質・能力の三つの柱に基づいて各教科すべてを知識・技能、思考・判断・表現、主体的に学習に取り組む態度の3観点による観点別学習状況評価とし、目標である資質・能力を育成するための教育課程や指導計画、及び主体的・対話的で深い学びの視点からの授業改善に結び付く「効果的」なものとなっている。また、各教科ごとに3観点と評定とが記入しやすくまとめた欄は、「簡素で簡潔」といえる。そして、「特別の教科　道徳」「外国語活動の記録」「総合的な学習の時間の記録」の文章記述する欄は、それぞれ、個人内評価として学習状況及び道徳性に係る成長の様子を記す、3観点に基づいて学年ごとに一括して記す、学習活動と観点と評価のそれぞれ個別に記す、というように3つの領域の特質に応じて「効果的」な方法が採用されている。さらに、「総合所見及び指導上参考となる諸事項」は、要点を箇条書きにするなど記載事項を必要最小限にとどめるなどの簡素化が図れるものともなっているのである。

さて本通知は、"学習評価及び指導要録の改善"ということから、指導要録の記入までの学習評価についても触れておこう。すなわち、学習評価の妥当性や信頼性を保障した上で教師の勤務負担の軽減を図ることが重要である。したがって、学校全体として組織的かつ計画的な学習評価の取組を行うことである。例えば、評価規準や評価方法を教師同士で検討して明確にすることや、評価結果について教員相互に検討し評価に関する教師の力量向上を図ること等である。また、観点別学習状況の評価の記録のための評価は、一時間一時間毎回の授業の評価ではなく、単元や題材などの内容や時間のまとまりごとに評価するなど評価場面を精選することである。なお、指導要録は、書面の作成・保存・送付を情報通信技術の活用等で改善を図ることも肝要である。

[引用・参考文献]
• 佐藤真「第3章2　指導要録（参考様式）の改善ポイント」市川伸一編『2019年改訂　速解　新指導要録と「資質・能力」を育む評価』ぎょうせい、2019年（6月刊行）

学びを起こす授業研究 [第2回]

目指す資質・能力の育成のための手立ての共有化

● 初めて私学の附属校の研究にかかわる

鎌倉女子大学初等部の校内研修に昨年度からかかわっている。私学の附属学校の指導は初めてである。きっかけは鎌倉女子大学の高橋正尚教授（初等・中等教育統括部長兼任）の依頼である。高橋教授は大学進学実績で躍進を遂げている横浜市立南高等学校附属中学校の元校長である。前任校の取組や実績は書籍等で紹介されている[1]。その手腕が買われて、2017年度より初等部の校長（初等部部長）に就かれ、今年度より中等部・高等部を含めて統括する任に就かれた。

高橋部長より「私学の附属校は自前で研修を組まないといけない。本校には授業研究があまり根付いていない。校内研修の活性化を手伝ってもらえないか」との依頼を受けた。昨年度は10月以降、3回の授業研究にかかわった。当然のことながらワークショップを取り入れた。その日の研究授業に特化した協議が中心になるところを、学校が目指す授業づくりの共通理解や方向付けの場になるように色々と仕掛けを行った。

例えば、今年2月の山田陽平教諭の1年体育の授業研究の際には、山田教諭自身が「育成を目指す資質・能力の三つの柱」と「主体的・対話的で深い学び」を意識して授業を計画・実施されていたので、1チームは**写真1**のように、指導案を元に授業分析を行ったが、残りの4チームは**写真2**に示すマトリクスシートを活用した。タテ軸は「主体的な学び」「対話的な学び」「深い学び」とし、横軸を「生きて働く知識・技能」「思考力・判断力・表現力」「学びに向かう力」とした。1チームは本時の授業においてみられた子どもの姿を記述・整理し、3チームは共通の研究教科である算数について低・中・

写真1

写真2

高学年にわかれて同様の記述・整理を行った。「教員一人一人は力量が高く、授業を色々と工夫されているが、学校全体としての体系化や共有化が十分ではない」という印象が強かったので、3回目の研修では、山田先生の授業の検討や改善にとどまらず、次年度を見据え研修を提案し、実行した。

● 授業研究の前提としてのカリキュラム・マネジメント研修

今年度は7月以降で4回の授業研究を依頼されていた。学校訪問指導を始めて40年近くになる。前任校の鳴門教育大学での現職院生の置籍校訪問は別に

村川雅弘
甲南女子大学教授

して、年4回の訪問指導はこれまでなかったことである。文部科学省研究開発学校や研究指定校を中心に年間10校程度、概ね3年程度かかわってきた。研究指定等が終わったり、校長の代が替わった折に指導を終了し、また新たな学校との関係を築いてきたが、年4回は異例の多さである。それにもかかわらず、高橋部長に「1回減らしていただいていいので、その分4月に行かせてください」と進言した。

前号でも述べたが、授業研究の前提は学校研究である。高橋艦長の下、「チーム学校」として、さらなる学力向上、授業改善に向けて船出していくためには、4月の研修は極めて重要と考えた。4月中旬の実施日に向けて、附属小と研修内容や準備物に関し

てメールのやりとりを行うとともに、当日は研修開始時刻の3時間前に赴き、新研究主任の山田陽平教諭と学校の現状やニーズを確認しながら研修計画を立案した。研修開始1、2分前に分析シートの作成が完了するという「自転車操業」となった。

研修の内容と展開は**資料1**に示すとおりである。まず、筆者がこの日の研修の目的を伝えた。端的に言えば「本校のウリの『見える化』」である。

そして、**資料2**を示し、本研修がカリキュラム・マネジメントの要であることを語った。「資質・能力の育成のために『主体的・対話的で深い学び』による授業改善と家庭や地域との連携（社会に開かれた教育課程）が求められ、その実現に向けて組織的に取り組むのがカリキュラム・マネジメントであり、その鍵を握るのが校内研修である。授業研究は学校が目指す授業が適切に進められているかを組織的・計画的に確認し合うことである」といったことを述べた。

7月の授業研究会までに行いたい研修は**資料3**に示すとおりである。この内の①〜③をこの日の研修で実施し、④〜⑥は今後進めていくこととした。

```
1  本研修の目的と展開（村川）20分
2  本研修の方法・チーム編成（山田）10分
3  ワークショップ　50分
  ①建学の精神を踏まえた「育てたい姿」と「手立て」
    3名×3＝9名
  ②言語活動の充実　4名×2＝8名
  ③学習規律の実態と改善策　7名
休憩
4  発表による共有化　20分
5  コメント（村川）　10分
```
資料1

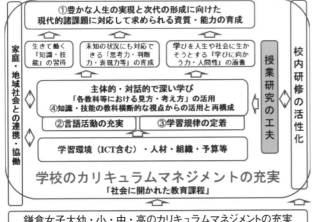

資料2

```
研修の全体像
今後の授業研究の前提となる学校研究についての
具体化・共有化の研修
①卒業までに育てたい資質・能力の具体化・共有化
 →「建学の精神」を踏まえその具体像を探る
②「主体的・対話的で深い学び」の実現のための学
  習の基盤である言語活動の体系化
③「主体的・対話的で深い学び」の実現のための学
  習の基盤である学習規律の体系化
④教科横断的な視点での各教科等の学習内容の関連
  付けと教材開発の進め方についての手だての整理
 （後日）
⑤「学習評価」の観点や方法の整理（後日）
⑥学校のグランドデザインの見直し・検討（後日）
```
資料3

学校教育・実践ライブラリ〈Vol.2〉　77

学びを起こす授業研究 [第2回]

学校が育成を目指す資質・能力としての「3つのちかい」

　テーマ①に関しては、山田研究主任との打ち合わせの中で、本初等部の建学の精神「感謝と奉仕に生きる人づくり」に基づく3つのちかい「感謝と奉仕の心」「ぞうきんと辞書を持つ心」「『人』『物』『時』を大切に」を踏まえて、目指す子どもの姿とそのための教師の手立てを具体化・共有化するワークショップを行った。例えば、「ぞうきんと辞書を持つ心」は「自分に厳しい心をもって、学習や仕事をこつこつと行います」「分からないことは、どしどし調べ、自分から積極的に教えていただこうとする態度を身につけます」と具体的な行動目標として記述され、児童及び保護者に示されている。新学習指導要領の考えに基づき学校が目指す資質・能力として新規に作成するとダブルスタンダードとなり、児童や保護者のみならず教員自身も迷いが生じる。これまで大切にしてきたちかいを改めて確認し、その定着化を図るための手立ての具体化・共有化を図る研修を組んだ。ちかいごとに低中高の教員が入るようにチーム編成を行った。

　写真4は「ぞうきんと辞書を持つ心」チームのワークショップの様子である。日々の子どもたちの様子を思い浮かべながら語り合う様子が見られた。写真5は「『人』『物』『時』を大切に」チームの成果物である。

写真4

「人」はグリーン、「物」はイエロー、「時」はピンクと付せんを使い分け、姿と手立てを対応させてあり大変分かりやすい。例えば、中学年の記述を見ると、「人」に関しては「相手の気持ちを受け入れることができる」(姿)→「相手の気持ちをイメージする（一緒に）」(手立て)、「物」に関しては「次に使う人の事を考えることができる」(姿)→「グループを通して体験させる」「子どもの中から自発的な動きが出るよう、促す」(手立て)、「時」に関しては「1日の流れの中で優先順位を判断することができる」「見通しを持って行動する」(姿)→「1日の予定を伝え、考えさせる」(手立て)と書かれてある。実に具体的であり、共有化することでさらなる定着が見込まれる。「ぞうきんと辞書を持つ心」チームからユニークはアイデアが出てきた。「3年生を低学年のリーダーとして意識付ける」である。確かに6年生は学校のリーダーであるが、中だるみを起こしそうな3年生を1・2年生のリーダーとしてモデルとなるような行動をとるように仕向けることはとても有効である。

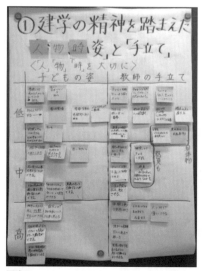

写真5

言語活動と学習規律の定着を目指して

　テーマ②に関しては、現行学習指導要領の「言語

● Profile
むらかわ・まさひろ　鳴門教育大学大学院教授を経て、2017年4月より甲南女子大学教授。中央教育審議会中学校部会及び生活総合部会委員。著書は、『「カリマネ」で学校はここまで変わる！』（ぎょうせい）、『ワークショップ型教員研修 はじめの一歩』（教育開発研究所）など。

①体験から感じとったことを表現する
②事実を正確に理解し伝達する
③概念・法則・意図などを解釈し、説明したり活用したりする
④情報を分析・評価し、論述する
⑤課題について、構想を立てて実践し、評価・改善する
⑥互いの考えを伝え合い、自らの考えや集団の考えを発展させる

資料4

活動の充実」に向けた「思考力・判断力・表現力等を育むための学習活動の分類」（**資料4**）を示し確認した。この10年あまり、言語活動の充実により学力向上を果たした学校の多くは、東村山市立大岱小学校[2]をはじめ、筆者がかかわったほとんどの小・中・高等学校は、各教科等においてこれらの言語活動を意識して取り入れてきた。

言語活動は2チーム編成とした。①②③担当と④⑤⑥担当である。**写真6**は①②③担当チームの成果物である。どのチームも教科や行事、委員会活動等の様々な場面においてこれらの言語活動をどう取り入れていくのかを具体的に検討した。同初等部は外国語活動を重視しているために「夏休みの思い出を写真を使って、英語でスピーチ」（①）、「6年が1年に英語で読み聞かせる」（②）などが見受けられた。

言語活動は各教科等における共通の学習の基盤であるが、これらが発揮されるためには学習規律の定着が重要となる。そこで、6つ目のチームは「学習規律の実態と改善策」（**資料5**）のワークショップを行った。同初等部には「学習中のマナー」があり、児童に示されている。休み時間に関しては4項

写真6

目、学習時間については12項目（「姿勢を正して、話をする人に目を向けてしっかり聞きます」「プリントやノートのまとめをするときは、正しい姿勢で字をていねいに書きます」「消しゴムのカスは床に

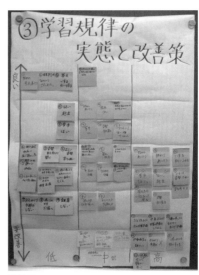
資料5

落とさないで、授業が終わったらまとめてゴミ箱に捨てます」など）である。今回は後者を対象とした。

ワークシートは、タテ軸は上が「良い」、下が「要改善」、横軸を低・中・高とし、メンバー各自が12の項目の文言を書き、該当すると思われる箇所に貼っていった。**資料5**からも読み取れるように、高学年に行くほど定着度は弱いことが明らかになった。

最後に、全チームが発表を行い、共有化を図った。今後、これらを踏まえて、授業づくり、授業研究が進められていく。また、本連載の中で紹介をしたい。

[注]
1　高橋正尚著『学校改革請負人　横浜市立南高附属中が「公立の星」になった理由』中公新書ラクレ、2017年。高橋正尚・小藤俊樹『成功事例に学ぶ　カリキュラム・マネジメントの進め方』教育開発研究所、2019年。高橋正尚「管理職による中学校のカリマネ12の処方」村川雅弘編著『カリマネ100の処方』教育開発研究所、2018年、pp.67-84　ほか。
2　村川雅弘・田村知子・東村山市立大岱小学校編著『学びを起こす授業改革』ぎょうせい、2011年

カウンセリング感覚で高める教師力
［第2回］

保護者の訴え—PCAの発見

 あるケース

K男の母親（M）が、保護者会のあと担任のS先生のところに相談に来ました（事前に電話連絡あり）。そして、静かにゆっくりとした口調で、話し始めます。
「あの…ちょっと…言いにくいのですが、あの…先生はうちのK男のことをどう思っているのでしょうか？ うん…3日ほど前の体育の時間に、うちの子だけ何度も逆上がりをやり直しさせたようですね。…その…しかも、みんなが見ている前で…。それはとても恥ずかしいことでしょう…。K男はとてもショックをうけています。プライドも傷つきますし、友達からの評価も下がります…。たしかに、うちのK男は運動神経も鈍く、逆上がりはできませんから…。プロの教師なら、あの…ほかにいくつも指導の方法をもっているはずです…。そして…けさも学校に行きたくないと言って、私を困らせます。ですから…」

どのように応じるのでしょうか（読者の皆様も自分の言葉でこの続きに応じてみてほしい）。担任は子供の様子を日々多様な視点からみることから、それらをバックにした応答があるように思います。

例えば、①「…はい、この前の体育の時間に、逆上がりを3〜4回ぐらいやり直しをさせたと思います。Kくんはやる気もあるので、やり直してコツをつかめばできると思ったのです。みんなもその頑張りを見ていましたよ…」、②「私はしっかりやらせたいですね。頑張ってほしいです。それで嫌になり、学校に行きたくないなんて…それは少し違うと思いますよ…いかがでしょう」などの言い方もあるでしょうか（後者の②の反応は難しい？）。

 S先生の応答

S1：そうなんですね。けさも学校に行きたくないと…お母さんを困らせるのですね。お困りのこと…察します…。
M1：え、え…困りました…。やはり何度も逆上がりをやり直しさせられたのが嫌だったようで…。恥ずかしかったようです…。
S2：え、え、そうですね…やり直しさせられたことが嫌で…恥ずかしかったと…。
M2：…そうなんです。K男にもプライドがありますから。それで、ショックを受けたようで…。友達からの評価も下がっていると思います…。
S3：ショックを受けたと…そんなふうにKくんが…。私がもう少し気遣えばよかったと…いま思います…。
M3：え…運動神経の鈍さも目立って、みんなの評価も悪くなるし…。あの子はそのことを気にして、学校に行きたくないと…言うのだと思うのです。気が弱いから…。
S4：うーん、お母様がKくんのことを…ご心配なこと、よくわかります。K男くんの気持ちを思うと、みんなの前で何度もやり直すことが嫌だったのですよね…。
M4：…そうだと思います。なんか、それでまた…学校に行かないなんて言うと…余計に心配になるんです。みんなとやっていけるのかと…。
S5：よくわかります。それで…一つの提案なんですがー。こんど、Kくんと私の二人で放課後、逆上がりの練習してみようと思います。Kくんに声をかけてみますけど…。
M5：…そうですね…先生と二人で練習してくれると、K男も喜ぶと思います。…私もうれしく思います（一礼するように）…。
S6：え、え…声をかけてみます。また何かありましたら、遠慮無くお話しいただければ私も助かります。Kくんの話をお母様からもっとお聞きしたいです。（以下略）

いかがでしょうか？ S先生の応答がこの相談のカウンセリングとしてベストではないと思いますが、第1回で示したロジャースの面接場面例のようにS先生が母親の話によく耳を傾けています（S1、S2）。そして、S1では「お困りのこと…察します…」と、母親の感情を明確な言葉にしています。

この共感性のある初期の応答が母親の気持ちを楽にしています。そして、自分の思いを話そうとする安心感と本音を引き出しています（M1〜4の応答）。このプロセスがあって、S先生の提案（S5）を受け容れる〈こころの余裕〉が母親に生まれていると思

東京聖栄大学教授
有村久春

ありむら・ひさはる　東京都公立学校教員、東京都教育委員会勤務を経て、平成10年昭和女子大学教授。その後岐阜大学教授、帝京科学大学教授を経て平成26年より現職。専門は教育学、カウンセリング研究、生徒指導論。日本特別活動学会常任理事。著書に『改訂三版 キーワードで学ぶ 特別活動 生徒指導・教育相談』『カウンセリング感覚のある学級経営ハンドブック』など。

います。当初あった訴えたい不安や疑念などが徐々に薄れてきて、母親自身が納得できる落着きどころを感受できているものと思います。

 ## PCAの発見

S先生は、母親の話をよく聴き、母親がどんな気持ちでいるのか、どのような自分でいたいのかを〈わかろう〉としています。

ロジャースのカウンセリング論もとりわけこのことを大切にし、パーソンセンタードアプローチ（Person-Centered Approach：PCA）の考えを見いだします。人間中心のアプローチということです。問題のそのものよりも、悩んでいる人のこころ（気持ち・思い）を受け容れるように応じることです。

この考えをロジャースが発見したと思われる論文を紹介します（注）。乱暴な息子をもつ母親との面接からの知見です（下線：有村）。

　…何回となく面接を重ねても、このことを母親に洞察させることはできませんでした。私は彼女が話しだすようにしむけて、その話した事実をおだやかにひき合いにだして、彼女にそうした類型をわかるようにしてみました。しかし、私たちは何も得るところがありませんでした。とうとう私もさじを投げてしまいました。2人で一生懸命やってみましたけれどもどうも失敗したようだし、面接を中止してもよいのではないか、と彼女に話しました。彼女は私に同意しました。そこで私たちは面接を終り、握手し、彼女は扉の方へ歩きかけました。その時彼女は振り返り、「先生はここでおとなのカウンセリングをおやりになりませんの」と尋ねました。やっています、と私が答えると、彼女は「じゃあわたし、受けてみたいんです」といって、去りかけた椅子にもどりました。そして、彼女は結婚生活に絶望していることや、夫との関係が困難をきわめていることや、失敗と混乱の気持などを訴えはじめたのです。それらは彼女が前に語った役にたたない生活史とは全然違ったものでした。

真のセラピーがそこで始まったのです。そしてついに非常な成功をおさめました。
　この事件は私に次のような事実を経験させるのに役立ったもののひとつであります。それは後年になってよくわかるようになったのですが、何がその人を傷つけているのか、どの方向へいくべきか、何が重要な問題なのか、どんな経験が深く秘められているのか、などを知っているのはクライエント自身であるということです。私自身が自分の賢明さとか知識を示そうとする欲求をもっていないならば、クライエントが動いていく過程をよりいっそう信頼するようになるという考えが私に芽ばえてきたのです。

ご理解いただけるように、相談に来た人（クライエント）の話を傾聴し、話す内容を受け容れることの重要性にロジャース自身が気付いています。ある種の類型を分かるように示しても意味がないと……。そして、来談者が自分に向き合い、自分を語ることで自分を知ることができることを理解したのです。

これがまさにカウンセリングなのでしょう。すなわち、〈来談者自身が①自らの状況を理解し、②解決の糸口（方向性）を見つけ、③問題の意味を問うことで、自分が変化している（動いている）ことの経験（プロセス）を④自ら信頼（自己信頼）するようになる〉このことがロジャースに芽生えてきたのです。PCAを発見する瞬間だと思います。

K男のケースでも、ロジャースのケースでも、起きている問題を追求するというより《そこにかかわる人（悩んでいる人）の見方・考え方に付き合う》という発想を重視しています。この考えが彼のカウンセリング論の基盤を成していると思います。

[注]
- 『ロジャース全集第12巻人間論』（第1章「私を語る」）岩崎学術出版社、1967年、p14

うちだけで秘密を共有したりするという経験を通して行われます。そこには、大人が干渉しない世界を創り出していくということです。そこには、知っていて知らないふりをしたり、「シメシメ、子どもだけの世界を創り始めたぞ！」と喜ぶ大人の側の寛容さが必要になります。

5年生を担任した時の6月のことです。自分が子どもだった時の秘密基地の面白さを話しました。すると数日後に、男子3名が「僕たちも秘密基地を作ったよ！」と報告してくれました。「そうか。良かったな」と喜び、「大人に分からないといいな！」と言っておきました。数日後、学校のそばの団地の真ん中にある銀行から「おたくの学校の子どもが、銀行の屋上に色々な物を持ち込み、小屋みたいにしているので迷惑だ。すぐに撤去するように指導してほしい」との電話があったのです。やったのは、案の定私のクラスの男子児童でした。

見に行ってみると、1階建ての横の階段を上った屋上に材木や段ボール、漫画本などが置いてありました。隅っこに、人が隠れられるように工夫してあります。

後日、三名の男子生徒と私とで謝りに行き、片付けました。「こんな所に、秘密基地を作るのはおかしいだろう。どうして、こんなすぐにわかる銀行の屋上に作ったんだ！」と言うと、「秘密基地を創る場所がそこしかなかった」とのこと。考えてみると、林や草原などは、近所のどこにも見当たらないのです。

わざと気むずかしい顔をして子どもたちの顔を見つめ、「だいたい、こんな見つかる所に創るのは秘密基地とは言わないだろう！今度は、見つからない所に作るようにもっと工夫しろよ！」と言うと、萎縮していた子どもたちの顔が急に明るい表情になり、明るい声で

ユーモア詩でつづる 学級歳時記

［第2回］

「うん！」と答えてくれました。数日後、「今度はわからない所に作ったよ！」と報告してくれました。

子どもたちの自立をサポートしていくことは、子どもを大人の思ったようにしていくことではありません。子どものちょっとした悪さも含めて、成長を喜んでやることではないでしょうか。考えてみてください。私たちしたり顔の大人だって、小さい時に色々な悪さをしたはずです。私たちしたり顔の大人だって、小さい時に色々な悪さをしたはずです。そんな子ども心と共鳴する時、「教師って面白いなぁ」と思うのではないでしょうか。

6月。子どもが新しいことを始めようと動き始める時期です。そんなチャレンジする子どもたちをうしろから押してあげたいものです。

今でも、秘密基地作りの男の子とは、連絡を取り合い、昔話に花を咲かせています。

白梅学園大学教授
増田修治

ますだ・しゅうじ　1980年埼玉大学教育学部卒。子育てや教育にもっとユーモアを！と提唱し、小学校でユーモア詩の実践にチャレンジ。メディアからも注目され、『徹子の部屋』にも出演。著書に『話を聞いてよ。お父さん！比べないでね、お母さん！』『笑って伸ばす子どもの力』（主婦の友社）、『ユーモアいっぱい！小学生の笑える話』（PHP研究所）、『子どもが伸びる！親のユーモア練習帳』（新紀元社）、『「ホンネ」が響き合う教室』（ミネルヴァ書房）他多数。

ユーモア詩でつづる学級歳時記

■ 今月の「ユーモア詩」

お父さんの小さいころ

小林　知也（4年）

今日、お父さんが小さいころの話を聞いた。
お父さんの小さいころは、
はちのすをたたいてはちにさされたり、
たき火にクリを入れてはねさせたり、
コイに石をあてたり、
もういろんなことをしたそうだ。
でも今はりっぱなぼくのお父さん。
人って、大人になると変われるんだね。
これからはいいことをして
仕事をがんばってね、お父さん。

■ 悪さも大切な経験

知也はとってもまじめです。言われたことは守るし、いたずらもしません。まさに優等生です。そんな知也にお父さんが子ども時代の「悪さ」の話をするのは、まじめすぎて心配だからです。

学校ではよく「ケンカはいけない」と言いますが、してみなければ、なぜケンカがいけないか、身に染みてわからないのも事実です。相手とぎくしゃくして遊べなくなったりすることではじめて「ケンカって嫌なものだな」と実感できるのです。

悪さも人生の大切な経験の一つなのです。

お父さんが「はちのすをたたいてはちにさされた」「たき火にクリを入れてはねさせた」と子ども時代のやんちゃぶりを話すのはそんな思いがあるからでしょうが、知也はなかなか悪さまで告白してきません。

そこで「コイに石をあてた」とかいろんな悪さまで告白したのです。

社会で生きる力は、悪さも含めた経験を通してこそ身につくと言いたいのでしょう。大人の言いつけを守るだけでは、心までは成長しません。心の成長が伴わないと、思春期のさまざまな葛藤を乗り越えられないで、暴走してしまうことさえあるのです。

でも知也が「いろんなことをしたそうだ。でも今はりっぱな……お父さん」と書いているのを見ると、お父さんの思いはまだまだ通じていないようです。

■ 6月の学級づくり・学級経営のポイント

子どもの悪に寄り添う

ユング心理学者として有名な故河合隼雄氏が、『子どもと悪（今ここに生きる子ども）』という本を出版したのが、1997年です。それから、20年以上経っているのですが、今だに色あせることがありません。河合氏はその本の中で、「大人が『悪』と見なしていることを子どもがあえてするのは、大人に対する宣戦布告のようなものである。『大人の言う通りには生きているのではないぞ』という表現である。大人になって自分の子ども時代を振り返ってみると、自立の契機として何らかの意味での『悪』が関連していたことに気づく人は多いのではなかろうか」と述べています。

子どもが自立していくというのは、自分の秘密を持ったり、仲間

UD思考で支援の扉を開く
私の支援者手帳から

[第2回]

原因論にまつわる煩悩（1）
「やる気がない」と思いたくなる煩悩

　学校の先生方から受ける相談の中には、支援対象者となる子供が、やるべきことをやってくれないというものが多いです。やるべきことができないということを、本人の意思とか意志の問題として捉えていることが多いのです。しかし、実は、やらない・できないというつまずきの結果にはその前段階があります。楽しくうまく進んでいればやる気は出ますし、やってもわからなければやる気は失せてしまいます。その図式が抜け落ちてしまい、結果から手を付けようとしてもうまくいきません。つまり、「やる気がない」と思いたくなる煩悩から抜け出さないと、支援は難しくなるのです。

約束

　約束を守ることは、子供が大人になって社会生活を営んでいくときに重要な課題です。しかし、この約束を守る・守れないということを本人のやる気の有無に置き換えてしまう先生方が多いですね。特に、約束が履行されなかったときには、その傾向が強くなります。

　ところが、約束を守る・守らないということは、やる気とは全く別の次元の問題なのです。そもそも約束というものは、人間関係の問題として捉えられなければなりません。約束した先生と約束を指示された子供との人間関係のありようが問われるのです。たいていの場合、いったん約束をすると、それが守られたかどうかという結果にいたるまで、そのことに関しての人間関係は途切れてしまいます。約束を守るまでのプロセスが抜け落ちてしまうわけです。

　約束はあくまで先生と子供との人間関係の中で、やりとりを通じて行われるものであると捉え直してほしいものです。ですから、約束を守れるかどうかということは、本人のやる気の問題ではなく、約束を守るまでのプロセスの中で人間関係が継続しているかという問題だということなのですね。

対人関係

　それでは、約束の条件とは何かというと、それは、実行可能性と子供の納得ということになります。この二つの条件を踏まえた上での対人関係が、約束を考える上でのカギとなります。

　例えば、宿題にしても頑張らなければできないようなものよりも、悠々とできるものであれば実行可能性は高まります。支援が必要な子供は、1問でもできないと嫌になってしまうということもあります。また、それをやることが先生との対人関係の中で意味があると思えるようなものでなければなりません。それは、たとえ先生が自分の傍にいないときでも自力でやれるような人間関係を築くことなのです。

　相手が目の前にいない状態で約束を守るというのは、社会的には高度なスキルといえます。私たちにそれができるのは、給料や評価などモチベーションに関わる強力な条件があるからです。しかし、支援が必要な子供にかぎらず、学校ではそうしたモチベーションが持ちにくいですね。そうすると、教師は、自分が傍にいればやるのに、いなくなるとやらないといって嘆くのですが、そこには、やるべきことを維持できる対人関係ができているかという、やる気

小栗正幸
特別支援教育ネット代表

おぐり・まさゆき　岐阜県多治見市出身。法務省の心理学の専門家（法務技官）として各地の矯正施設に勤務。宮川医療少年院長を経て退官。三重県教育委員会発達障がい支援員スーパーバイザー、同四日市市教育委員会スーパーバイザー。（一社）日本LD学会名誉会員。専門は犯罪心理学、思春期から青年期の逸脱行動への対応。主著に『発達障害児の思春期と二次障害予防のシナリオ』『ファンタジーマネジメント』（ぎょうせい）、『思春期・青年期トラブル対応ワークブック』（金剛出版）など。

とは別次元の問題があるということを知らなければなりません。

例えば、クラスの中の三分の一くらいの子供は、コミュニケーションや人間関係を遊びや学習の中で獲得しているので、やるべきことを維持させることが身に付いています。また、三分の一は、友達同士の約束ならば維持できるけれど、先生との人間関係の中では途切れやすいので、少々の配慮が必要です。残りの三分の一は、やってもわからない、先生との相性が悪いなどと自分で決めつけてやめてしまうということが起きます。

約束を実行させるためには、実行可能性と対人関係の継続が不可欠です。約束を実行するプロセスの中で、今子供がどのような状態にあるのか、その約束に対して、子供との人間関係が途切れていないか、成功体験も含め、約束を実行する方向に子供を導いているかということを考え、取り組んでいくことが大事なのですね。子供の立場からすれば、先生とこうした人間関係でつながっているかどうかが、約束を守れるかどうかの分岐点ともいえるのです。

無気力の本態

やる気がない、つまり無気力の本態については、やりたいとかやりたくないという意欲の問題ではなく、学習のプロセスの問題であるということをお話ししてきました。

そこで、やる気のカギを握っているのは何かというと、それは、練習と納得であるといえます。

前号でも触れましたが、例えば、ちょっとした用事を言いつけてみます。「そこのゴミを拾って」「そこの本を本棚に入れて」といったかなり達成容易な用事を頼みます。そして、それができれば、子供をしっかりと見て「ありがとう」と言います。実は、これはとても"おいしい指導"なのです。

一つは指示に従う練習となっていること。支援が必要な子供は従うことが難しい指示が多かったり、従おうとしてもあまりいいことが起こらないということが多いのです。無理なくやれることで、指示に従うことが身に付けられていきます。

もう一つは、お礼を言われること、そしてそれが納得のいくものとなっていることです。支援が必要な子供たちは、日頃、お礼を言われる機会が少なかったり、自分には預かり知らぬお褒めの言葉をもらったりすることがあります。お礼が、確かに自分がやったことへの報酬として言われることによって、喜びや納得を得ることができます。

さらには、確実に褒められるシナリオを用意して子供に与えることによって、先生との信頼関係を築く練習にもなり、コミュニケーションの練習にもなっているわけです。

無気力の問題は、意欲の有無として捉えるのではなく、指示に従えたり、それによって褒められるという納得性のある報酬があったり、それらを通して人間関係を築くことで解消していけるものであるということが理解されると思います。

支援に当たる先生方には、「やる気がない」と思ってしまう煩悩から抜け出して、本当に子供が必要としている指導は何かということを考えていってほしいと思います。　　　　　　　　　　（談）

進行中！
子どもと創る新課程［第2回］

子供の思いや願いを育み、意欲や主体性を高める授業づくり

第2学年「大きくなあれ！ ぼく・わたしの野菜」の導入場面に着目して

●step2
　第2学年で行う野菜栽培活動前と、導入場面において、子供の思いや願いを育み、意欲や主体性を高める手立てを講じる。

　小学校学習指導要領（平成29年度告示）解説生活編の学習指導の特質では、「第1に、（中略）一人一人の児童の思いや願いの実現に向けた活動を展開していく。そのためには、例えば、人、社会、自然との出会わせ方を工夫することが考えられる。事前に児童の興味・関心の実態を確かめ、それに合わせて児童の意欲や主体性を引き出す環境構成や活動への誘いかけに配慮する必要がある。児童が好奇心や探究心、対象への興味や親しみ、憧れなどからくる『やってみたい』『知りたい』『できるようになりたい』といった自分の強い思いや願いをもつことができれば、単元を通して主体的で意欲的に学ぶことが可能になるからである」と示されている。このように、生活科では、児童の興味・関心を踏まえ、学習対象との適切な出会いの場を用意するとともに、その思いや願いがさらに膨らむような学習活動を展開していくことが大切となる。また、その過程において、生活上必要な習慣や技能を身に付けたり、自分の生活をよりよいものにしていこうとする意欲をもつことも求めている。

　本稿では、「意欲や主体的性」に焦点を当てて、筆者の実践を紹介する。

(1) 導入前に野菜栽培に対する子供の思いや願いを喚起する工夫

　子供の思いや願いを連続的に発展させ、自分事として野菜の栽培に取り組み、野菜とのかかわりを深めさせていきたいと考え、以下のことを行った。

①地域の情報収集

　筆者は、地域で野菜を売っている店や野菜を育てている人に関する情報を収集した。

　野菜を育てている方に、野菜博士として子供たちに指導することや、単元計画や授業支援を担任と一緒に考えながら子供たちを支援することをお願いした。

②野菜に対する興味・関心をもつ教室環境づくり

　子供が野菜に対する興味・関心をもつ教室の環境づくりも大切である。教師が育てている野菜を教室に置き、野菜に関係する資料や野菜の写真などを掲示した。

③夕食や給食の野菜に対する興味・関心をもつ機会づくり

　朝の会で、昨日食べた夕食の食材に野菜があったかどうかを発表したり、給食の時間に、配食された昼食の食材の野菜を調べたりして、野菜に興味・関心をもたせた。また、校庭を探険し、他の学年が栽培している野菜を観察したり、地域の畑で育てている野菜を観察したりして、自分が摂食したことのある野菜に興味・関心をもたせた。

(2) 野菜栽培に対する子供の思いや願いを高める単元導入場面での工夫

①子供なりに好奇心をもって臨む野菜クイズ

　種、苗、花を順番に見せて野菜の名前を当てるクイズをした。子供たちは、種の大きさ、葉の形、花の色を見ながら「野菜でも花を咲かせるなんて知らなかった」「ナスの葉は少し紫色になっているね」と言い、意欲的にクイズに答えていった。

　クイズが終わる頃になると、「ぼくたちも野菜を育てたいな」「きれいな花を見てみたいな」という思いや願いをもった。担任が「野菜を育ててみる？」と聞いたところ、子供たちから喜びの歓声があがった。

仙台市立荒町小学校教諭
鈴木美佐緒

②自分が育てたい野菜を自己決定

　種や苗を売っている店へ行き、自分が育てたい野菜の苗を選んだ。

写真1

　子供たちは、野菜の苗に「きゅうりだから、『きゅうちゃん』」「元気に育ってほしいから『もりもりくん』」など、名前を付け、自分の子供のように眺めていた。「自分の野菜」という意識をもつとともに、大事に育てようとする思いが高まった。

(3) 単元の導入場面後の子供の様子

　育てたい野菜自己決定した子供たちは、図書室から野菜の本を借りて、生活科ノートに、野菜の情報を書き写した。

　また、休みの日には、自分が育てる野菜を使って家族と一緒に料理をするなど、野菜作りに向かう意欲的な姿が見られた。

写真3

写真4

写真2

写真5

[第2回]

対話的に学ぶ子どもを育てる

東海国語教育を学ぶ会顧問
石井順治

対話への意欲を

　訊いてみよう、話してみようという意欲がなければ対話は始まりません。その意欲は、聴こう、受けとめてともに考えようという意思を有する相手がいてはじめて生まれます。対話的学びは、どんな考えでも尊重して受けとめ合う対応関係があって実現するのです。

　その対応関係を築くためになんとしても必要なことが三つあります。この三つが当たり前のように実践されたとき教室に豊潤な学びが生まれるのですが、その実現は簡単なことではありません。教師次第です。学び合う対応関係は、そのことの重要さを認識し実践する教師の下でしか生まれないのです。

①わからなさは宝物

　学びはわからなさを出発点にして生まれます。だから、すぐわかる子どもよりも、わからないでいる子どもに目を向けなければなりません。まずは課題に取り組む子どもの様子を一人ひとり丁寧に観察します。わからないで困っている子どもを見つけるためです。見つけたら「ペアの子に尋ねてごらん」と言葉がけをし、それを受けとめるよう隣の子どもに促すのです。こうして子どもたちの間に、必要感に基づいた対応関係が次々とつくられていきます。

　この教師の手立てが有効に働くには、わからなさこそ大切なのだという価値観が子どもになければなりません。それがないと尋ねることも、尋ねられたわからなさに寄り添うこともできないからです。

　その価値観はどのようにしたら持てるようになるのでしょうか。それは、学級が始まって以降、教師がわからなさをどれほど大切に取り上げ、そこからどれだけ豊かな学びを生み出してきたかにかかっているのです。すぐ正解を言わせて先に先にと進める教師の下では決して生まれないのです。

　この価値観を表す合言葉が「わからなさは宝物」です。子どもたちの対応関係はこの合言葉への実感が高まれば高まるほど子どもそれぞれの内に築かれていくのです。

②間違いに潜む可能性をみつける

　大切にしなければいけないのはわからなさだけではありません。それと同じくらい、いえそれ以上に間違いが大切です。

　子どもが間違った答えを出したときよく見かけるのは、すぐ「ちがいます」と言い正解を発表しようと意気込む子どもです。それはよいことではありません。学びはわからなさや間違いを乗り越えたとき生まれます。ですから、間違いが出たときこそ学びを深めるチャンスだと考えるべきです。たとえば「△さんはどのように考えてこの答えにしたのだろう。みんなで見つけてみよう」と言ってペアで考えさせるのもよいでしょう。

　間違いには、子どもが陥りやすいポイントが存在していて、なぜそのように考えてしまうのかと考察することによって、すぐわかるより確かな学びが浮き上がることがあります。科学者やアスリートは失敗や間違いに立ち向かい研究することからより良いものを見つけ出しますが、子どもたちの学びも同じなのです。教師は正解を急いではなりません。

●Profile
いしい・じゅんじ　1943年生まれ。三重県内の小学校で主に国語教育の実践に取り組み、「国語教育を学ぶ会」の事務局長、会長を歴任。四日市市内の小中学校の校長を務め2003年退職。その後は各地の学校を訪問し授業の共同研究を行うとともに、「東海国語教育を学ぶ会」顧問を務め、「授業づくり・学校づくりセミナー」の開催に尽力。著書に、『学びの素顔』（世織書房）、『教師の話し方・聴き方』（ぎょうせい）など。

③異なる考えとの出会いで深める

　学びが深まるときほとんどの場合存在しているものがあります。異なる考えです。学びは異質な考えと比較したりつないだりすることによって深まるのです。それにはいくつかの考えを引き出さなければなりません。そして、それらを突き合わせて考えなければなりません。だから教師は、意図的にさまざまな考えの出る発問をするのです。そして子どもから出てきたさまざまな考えをもとにじっくり考えさせるのです。そのときペアやグループで取り組ませるといいでしょう。

　対話的学びは、わからなさも間違いも異なる考えも、忌憚なく出し合い受けとめ合える対応関係によって深くなります。その対話的学びの大切さを子どもたちに示せるのは自分なのだということを教師は自覚しなければならないのです。

聴き合う学級を育てる

　学びは話すことよりも聴くことによって深くなります。よく聴く子どもはよく学ぶ子どもです。よく聴き合う学級はよく学び合える学級です。子どもと子どもの対応関係の深まりとともに育てなければいけないのは聴き合える学級です。

　子どもが何人も「ハイ、ハイ」と叫んで挙手する教室があります。それは「言いたい言いたい」という子どもの意欲の表れであり「聴きたい」という意欲ではありません。よく聴き合う学級では「ハイハイ」という声は学びを阻むものだと考えています。そして、だれもが耳を澄ます静けさのなかで、とつとつと話す仲間の言葉がやわらかく響き、何人もの子どもの表情が豊かに反応するようになっています。

　聴くという行為は、何が話されているかがわかるということだけでは不十分です。受け取ったことを学びの対象と照らし合わせたり自分の考えと照らし合わせたりして、いったい自分はどう考えるのかと自己との対話をするところまでを含めた行為でなければなりません。

　しかし、そういう聴き方を育むのは簡単なことではありません。「そうか、そんなところまで考えることが聴くということなのか」と思う体験が何度もなければ定着しないのです。それには、子どもが聞き逃してしまったこと、だれも気づかなかったことが、こんなに大事なことだったのだよと教師が見せることです。教師にできないことは子どももできない、そう考えて教師こそが聴ける教師にならなければいけないのです。

　どこまで聴けていたかは、話が終わった直後に表れます。聴くことによって生まれたものをペアで語り合う、ノートや用紙に書くなどといったことを毎日のように行えば聴こうという意識が高くなります。そうして子どもの聴き方がよくなればうんと褒めたいものです。そのうえで、「次はこういうところまで考えて聴こう」と次の目標を持たせたら、子どもの耳はさらに磨かれていくでしょう。

　対話的学びは授業における教師の教え方の巧みさでは生み出せません。しかし、対話に対する意欲と対応関係を育てる役割を担っているのは教師です。今、教師は、そのことの重大さをじっくり噛みしめなければなりません。

スクールリーダーの資料室

●新しい時代の初等中等教育の在り方について（諮問）

31文科初第49号　中央教育審議会

　次に掲げる事項について、別添理由を添えて諮問します。

　新しい時代の初等中等教育の在り方について

平成31年4月17日
　　　文部科学大臣　柴山昌彦

（理由）

　今世紀は、新しい知識・情報・技術が社会のあらゆる領域での活動の基盤となっている知識基盤社会と言われており、人工知能（AI）、ビッグデータ、Internet of Things（IoT）、ロボティクス等の先端技術が高度化してあらゆる産業や社会生活に取り入れられ、社会の在り方そのものが現在とは「非連続的」と言えるほど劇的に変わるとされるSociety5.0時代の到来が予想されています。

　このような急激な社会的な変化が進む中で、子供たちが変化を前向きに受け止め、豊かな創造性を備え持続可能な社会の創り手として、予測不可能な未来社会を自立的に生き、社会の形成に参画するための資質・能力を一層確実に育成することが求められており、それに対応し、学校教育も変化していかなければなりません。

　我が国の学校教育の現状に目を向けると、経済協力開発機構（OECD）の学習到達度調査（PISA2015）において世界トップレベルの学力水準を維持するとともに、全国学力・学習状況調査においても、成績下位の都道府県の平均正答率と全国の平均正答率との差が縮小するなど学力の全体的な底上げが確実に進んでいます。このように、子供たちの知・徳・体を一体で育む「日本型学校教育」とそれを支える明治以来150年に及ぶ教科教育等に関する蓄積は、全体としては着実に成果を挙げてきています。一方、基礎学力の育成に関して見ると、子供たちの語彙力や読解力については、課題も指摘されているところです。

　また、高等学校の多様化が進む中で、一部の高等学校では、大学や産業界等との連携の下で様々な教育が展開されていたり、地域社会の課題解決に大きく貢献する活動が実践されていたりする等、先進的な取組が進められています。一方、高校生の学校外での学習時間の減少や学習意欲の乏しい生徒の顕在化に加え、高校生の約7割が通う普通科の中には生徒が身に付けるべき力やそのために学習すべき内容を明確に示すことができておらず、大学入学者選抜等の影響と相まって、いわゆる文系・理系の科目のうち大学受験に最低限必要な科目以外について生徒が真剣に学ぶ動機を低下させている状況が見られるなど、Society5.0時代に活躍できる人材の育成の観点から大きな課題があります。

　こうした状況を踏まえ、次代を切り拓く子供たちには、文章を正確に理解する読解力、教科固有の見方・考え方を働かせて自分の頭で考えて表現する力、情報や情報手段を主体的に選択し活用していくために必要な情報活用能力、対話や協働を通じて知識やアイディアを共有し新しい解や納得解を生み出す力などが必要であり、平成28年12月の中央教育審議会の答申「幼稚園、小学校、中学校、高等学校及び特別支援学校の学習指導要領等の改善及び必要な方策等について」を受けて改訂された学習指導要領の下で、それらの力を着実に育んでいくことが必要です。

　さらに、いじめの重大事態や児童虐待相談対応件数が過去最多となるなど、児童生徒の生命・身体の安全確保に関して深刻な課題が生じています。また、障害のある児童生徒、不登校児童生徒、外国人児童生徒など特別な配慮を要する児童生徒も増加しており、誰一人置き去りにしない教育を実現するため、これらの児童生徒等への支援体制を整えていくこと

が求められています。

　子供たちに実際に教育を行う教師の状況に目を転じると、我が国の質の高い学校教育は、高い意欲や能力を持った教師の努力により支えられている一方、平成28年度の教員勤務実態調査によれば、我が国の教師は、平均すると小学校では月約59時間、中学校では月約81時間の時間外勤務をしていると推計され、教師の長時間勤務の実態は深刻です。教師の採用選考試験の競争率の減少も顕著であり、特に小学校では平成12年度には12.5倍だった倍率が平成29年度には3.5倍となっています。志高く能力のある人材が教師の道を選び、我が国の学校教育がさらに充実・発展するためにも、学校における働き方改革を進め、教職の魅力を高めることの必要性は待ったなしの状況です。

　また、これからの時代の学校は、教師を支援し教育の質を高めるツールとして情報通信技術（ICT）やAI等の先端技術を活用することにより、地理的制約を超えて多様な他者と協働的に学ぶことを可能としていくことや、一人一人の能力、適性等に応じた学び、子供たちの意欲を高めやりたいことを深められる学びを提供していくことが可能となります。しかしながら、学校のICT環境は脆弱であり、地域間格差も大きいなど危機的な状況となっており、学校における先端技術の効果的な活用に向け、ICT環境の整備を着実に進めていく必要があります。

　さらに、Society5.0時代の教師には、ICT活用指導力を含む子供たちの学びの変化に応じた資質・能力が求められます。社会人など多様な人材を活用することにより、多様性があり、変化にも柔軟に対応できる教師集団を形成していくことが必要となるほか、教師や事務職員、様々な専門スタッフ、多様な背景を持つ外部人材が、地域住民等とも連携・協力しながらチームとして学校運営を推進していくことが重要です。4月から開始された新たな教職課程においては、こうした状況を踏まえて学生に対する指導を充実させるとともに、その改善を図ることが必

要です。

　こうした状況に加え、我が国では、人口減少、少子高齢化、過疎化の進展により、一市町村一小学校一中学校等という市町村が232団体（13.3％）あるなど、児童生徒数の減少に伴う教育環境の変化に対応する必要があります。

　以上に挙げたような、今後の社会状況の変化を見据え、初等中等教育の現状及び課題を踏まえ、これからの初等中等教育の在り方について総合的に検討するため、「新しい時代の初等中等教育の在り方」について諮問を行うものであります。

　具体的には、Society5.0時代の到来に向けて、第3期教育振興基本計画（平成30年6月15日閣議決定）、学校における働き方改革に関する総合的な方策に係る本年1月の中央教育審議会答申「新しい時代の教育に向けた持続可能な学校指導・運営体制の構築のための学校における働き方改革に関する総合的な方策について」や、教育再生実行会議において同月に取りまとめ公表された第11次提言中間報告及びその後の検討状況も踏まえ、以下の事項を中心に御審議をお願いします。

　第一に、新時代に対応した義務教育の在り方についてです。具体的には、以下の事項などについて御検討をお願いします。

○義務教育とりわけ小学校において、基礎的読解力などの基盤的な学力の確実な定着に向けた方策
○義務教育9年間を見通した児童生徒の発達の段階に応じた学級担任制と教科担任制の在り方や、習熟度別指導の在り方など今後の指導体制の在り方
○教科担任制の導入や先端技術の活用など多様な指導形態・方法を踏まえた、年間授業時数や標準的な授業時間等の在り方を含む教育課程の在り方
○特定分野に特異な才能を持つ者や障害のある者を含む特別な配慮を要する児童生徒に対する指導及

び支援の在り方など、児童生徒一人一人の能力、適性等に応じた指導の在り方

　第二に、新時代に対応した高等学校教育の在り方についてです。具体的には、以下の事項などについて御検討をお願いします。

○生徒の学習意欲を喚起し能力を最大限伸ばすための普通科改革など学科の在り方
○いわゆる文系・理系の類型にかかわらず学習指導要領に定められた様々な科目をバランスよく学ぶことや、STEAM教育（本文脚注：Science、Technology、Engineering、Art、Mathematics等の各教科での学習を実社会での課題解決に生かしていくための教科横断的な教育）の推進
○時代の変化・役割の変化に応じた定時制・通信制課程の在り方
○地域社会や高等教育機関との協働による教育の在り方
○特定分野に特異な才能を持つ者や障害のある者を含む特別な配慮を要する生徒に対する指導及び支援の在り方など、生徒一人一人の能力、適性等に応じた指導の在り方

　第三に、増加する外国人児童生徒等への教育の在り方についてです。具体的には、以下の事項などについて御検討をお願いします。

○外国人児童生徒等の就学機会の確保
○外国人児童生徒等の進学・就学継続のための教育相談等の包括的支援の在り方
○公立学校における外国人児童生徒等に対する指導体制の確保、指導力の向上
○日本の生活や文化に関する教育、母語の指導、異文化理解や多文化共生の考え方に基づく教育の在り方

　第四に、これからの時代に応じた教師の在り方や教育環境の整備等についてであります。具体的には、以下の事項などについて御検討をお願いします。

○これからの時代において児童生徒等に求められる資質・能力を育成することができる教師の在り方
○新学習指導要領に示された児童生徒の発達の段階に応じた学習内容や指導の在り方を踏まえ、義務教育9年間を学級担任制を重視する段階と教科担任制を重視する段階に捉え直すことのできる教職員配置や教員免許制度の在り方
○質の高い教師を確保し、資質向上を図るための養成・免許・採用・研修・勤務環境・人事計画等の在り方
○免許更新講習と研修等の位置付けの在り方などを含めた教員免許更新制の実質化
○学校以外で勤務してきた経歴や専門的な知識・技能を有する者など、多様な背景を持つ人材によって教職員組織を構成できるようにするための免許制度や教員の養成・採用・研修・勤務環境の在り方
○学校や大学を取り巻く環境変化に対応する教員養成課程の在り方
○特別な配慮を要する児童生徒等への指導など、特定の課題に関する教師の専門性向上のための仕組みの構築
○幼児教育の無償化を踏まえた幼児教育の質の向上
○義務教育をすべての児童生徒等に実質的に保障するための方策
○いじめの重大事態、虐待事案等に適切に対応するための方策
○児童生徒の減少による学校の小規模化を踏まえた自治体間の連携や小学校と中学校の連携等を含めた学校運営の在り方
○これらを踏まえたチーム学校の実現等に向けた教職員や専門的人材の配置、教師を支援し教育の質を高めるICT環境や先端技術の活用を含む条件整備の在り方

スクールリーダーの資料室

　以上が当面、御審議をお願いしたい事項でありますが、これらに関連する事項を含めて、新しい時代の初等中等教育の在り方について、幅広く御検討いただくようお願いいたします。なお、これらの課題は広範多岐にわたることから、審議の状況に応じ、審議の区切りがついた事項から逐次答申していただくことも御検討いただきますようお願いします。

■Society 5.0時代の到来
Society5.0とは、サイバー空間（仮想空間）とフィジカル空間（現実空間）を高度に融合させたシステムにより、経済発展と社会的課題の解決を両立する、人間中心の社会（Society）。
狩猟社会（Society1.0）、農耕社会（Society 2.0）、工業社会（Society 3.0）、情報社会（Society 4.0）に続く、新たな社会を指すもので、第5期科学技術基本計画において我が国が目指すべき未来社会の姿として初めて提唱。

■Society 5.0の社会像
AI技術の発達
⇒定型的業務や数値的に表現可能な業務は、AI技術により代替が可能に
⇒産業の変化、働き方の変化
○日本の課題
AIに関する研究開発に人材が不足、少子高齢化、つながりの希薄化、自然体験の機会の減少
○人間の強み
現実世界を理解し意味づけできる感性、倫理観、板挟みや想定外と向き合い調整する力、責任をもって遂行する力

■Society 5.0における求められる人材像
○共通して求められる力
文章や情報を正確に読み解き対話する力
科学的に思考・吟味し活用する力
価値を見つけ生み出す感性と力、好奇心・探求力
○新たな社会を牽引する人材
技術革新や価値創造の源となる飛躍知を発見・創造する人材
技術革新と社会課題をつなげ、プラットフォームを創造する人材
様々な分野においてAIやデータの力を最大限活用し展開できる人材　等

Society 5.0に向けた人材育成 〜社会が変わる、学びが変わる〜（Society 5.0 に向けた人材育成に係る大臣懇談会）より抜粋

新しい時代の初等中等教育の在り方について（諮問概要）

現在の学校教育の成果の例

- OECD・PISA2015で15歳の子供たちは、数学的リテラシーや科学的リテラシーがOECD加盟国中1位など、世界トップレベルの学力水準
- 全国学力・学習状況調査において、成績下位の都道府県の平均正答率と全国の平均正答率との差が縮小するなど学力の全体的な底上げが確実に進展
- 高等学校の多様化が進み、大学や産業界等との連携の下で様々な教育や、地域社会の課題解決に大きく貢献する活動が展開

> 知・徳・体を一体で育む「日本型学校教育」は学力水準を高め、社会性を育んできた
> それを支えてきたのは、子供達の教育に志を持つ教師の献身的な取組である

社会の急激な変化とともに、次のような課題も顕在化

- 児童生徒の語彙力や読解力に課題
- 高校生の学習時間減少や学習意欲の希薄化
- 大学受験に最低限必要な科目以外を真剣に学ぶ動機の低下
- いじめの重大事態や児童虐待相談対応件数が過去最多、障害のある児童生徒、不登校児童生徒、外国人児童生徒等の増加
- 教師は小学校月約59時間、中学校月約81時間の時間外勤務（平成28年度の教員勤務実態調査）
- 教師の採用選考試験の競争率の減少、とりわけ小学校採用試験の倍率の急落
  [12.5倍（平成12年度）→3.5倍（平成29年度）]
- 学校のICT環境は脆弱であり、地域間格差も大きいなど危機的な状況
- 人口減少、少子高齢化の進展により、一市町村一小学校一中学校等の自治体が増加

Society5.0時代の教育・学校・教師の在り方

- Society5.0時代には、①読解力や情報活用能力、②教科固有の見方・考え方を働かせて自分の頭で考えて表現する力、③対話や協働を通じて知識やアイディアを共有し新しい解や納得解を生み出す力等が必要
- 教師を支援するツールとして先端技術を活用し、①地理的制約を超えた多様な他者との協働的な学び、②一人一人の能力、適性等に応じた学び、③子供たちの意欲を高めやりたいことを深められる学びを実現
- 子供たちの学びの変化に応じた資質・能力を有する教師、多様性があり、変化にも柔軟に対応できる教師集団
- 「チームとしての学校」の推進

Society5.0時代の到来を見据え、初等中等教育の現状及び課題を踏まえ、

新学習指導要領の実施　　**これからの初等中等教育の在り方について総合的に検討**　　学校における働き方改革

中央教育審議会において審議をお願いしたい事項

1．新時代に対応した義務教育の在り方

○ 基礎的読解力などの**基盤的な学力の確実な定着**に向けた方策

○ 義務教育9年間を見通した**児童生徒の発達の段階に応じた学級担任制と教科担任制**の在り方や、**習熟度別指導の在り方**など**今後の指導体制**の在り方

○ 年間授業時数や標準的な授業時間等の在り方を含む**教育課程**の在り方

○ **障害のある者を含む特別な配慮を要する児童生徒**に対する指導及び支援の在り方など、児童生徒**一人一人の能力、適性等に応じた指導**の在り方　　　　　等

2．新時代に対応した高等学校教育の在り方

○ 普通科改革など**各学科の在り方**

○ 文系・理系にかかわらず様々な科目を学ぶことや、**STEAM教育**の推進

○ 時代の変化・役割の変化に応じた**定時制・通信制課程**の在り方

○ **地域社会や高等教育機関との協働**による教育の在り方　　　　　　　　等

3．増加する外国人児童生徒等への教育の在り方

○ 外国人児童生徒等の**就学機会の確保**、教育相談等の**包括的支援**の在り方

○ 公立学校における外国人児童生徒等に対する**指導体制の確保**

○ **日本の生活や文化**に関する教育、**母語の指導**、**異文化理解や多文化共生**の考え方に基づく教育の在り方　　　　　　　　　　　　　　　　　　　　等

4．これからの時代に応じた教師の在り方や教育環境の整備等

○ 児童生徒等に求められる資質・能力を育成することができる**教師の在り方**

○ 義務教育9年間を**学級担任制を重視する段階と教科担任制を重視する段階**に捉え直すことのできる**教職員配置や教員免許制度**の在り方

○ **教員養成・免許・採用・研修・勤務環境・人事計画**等の在り方

○ 免許更新講習と研修等の位置付けの在り方など**教員免許更新制の実質化**

○ **多様な背景を持つ人材によって教職員組織を構成**できるようにするための免許制度や教員の養成・採用・研修・勤務環境の在り方

○ 特別な配慮を要する児童生徒等への指導など特定の課題に関する**教師の専門性向上のための仕組み**の構築

○ 幼児教育の無償化を踏まえた**幼児教育の質の向上**

○ **義務教育をすべての児童生徒等に実質的に保障**するための方策

○ **いじめの重大事態、虐待事案**に適切に対応するための方策

○ 学校の小規模化を踏まえた**自治体間の連携等を含めた学校運営**の在り方

○ **教職員や専門的人材の配置、ICT環境や先端技術の活用**を含む条件整備の在り方　等

「うしろ姿」の教育

宮崎県宮崎市立東大宮小学校長
濱田常義

　平成26年4月、校長採用となり日南市立東郷小中学校に赴任した。この学校は、平成25年4月1日に小中一貫校としてスタートした。元々東郷小学校と東郷中学校が隣接した立地であり、東郷中学校区は東郷小学校の1小学校のみで、小中一貫教育を進めるには、とてもよい条件が揃っていた。

　平成26年3月までに、二つの学校を渡り廊下で結んで一つの学校として整備され、小中学校職員室が両校の真ん中に配置された。しかし、私が赴任した頃は、まだ職員はそれぞれの学校の職員室にそのまま机を並べていた。教育課程が小学校、中学校それぞれで編成されており、小、中に分かれて校務を進める方がやりやすかったのである。前年度までに学校のハード面は整備されたが、ソフト面の整備が開校2年目の課題だった。

　赴任後取り組んだことは、2人の教頭と力を合わせ、小中一貫校として学校を整えることであった。年度途中だったが職員に協力を求め、諸計画等の見直しを始めた。前年度までに行われてきた先進校視察を、教育計画の整備等の目的をもって行った。考えられることに前向きに取り組んだ。そんな中、小、中の職員がひとつにまとまることや保護者にも支援をいただくことの大切さを痛感する日々が続いた。しかし、この取組を通して学校運営の基本を学んだように思う。

　そして、平成29年4月、2校目の国富町立本庄小学校に赴任した。校長室の執務机の正面には、「うしろ姿」の題で、

　語る人　貴し　語るとも知らで
　からだで語る人　さらに貴し
　導く人　貴し　導くとも知らで
　うしろ姿で導く人　さらに貴し

という詩が掲げてある（安積得也著『一人のために』（善本社）にある詩だと思われる）。この詩の言葉が椅子に座ると毎日目に入る。この詩の言葉から、東郷小中学校での取組を何度も思い出した。職員と力を合わせること、保護者の支えをいただきながら、学校と地域が一体となること、そして、学校のリーダーとしての在り方……。先輩校長のどなたかが掲げられた詩であるが、後輩へ学校運営を託す想いを感じ、冷静になり、気を引き締めることができた。

　現在、3校目の宮崎市立東大宮小学校に赴任したばかりである。この学校でも、「うしろ姿」を大切にし、学校運営の基本に立ち返りながら、児童が輝くよう教育活動を進めていきたいと思っている。

9年生からの
メッセージ

栃木県那須塩原市立塩原小中学校長
丑越　薫

　本校は、平成26年度に施設一体型小中一貫校として開校し、平成29年度に栃木県内に2校しかない義務教育学校「塩原小中学校」に生まれ変わった。平成30年度は、1年生から9年生までの79人の児童生徒が同じ校舎で生活してきた。

　平成31年3月9日、第2回卒業式が行われた。この1年間、塩原小中学校をリードした4人の9年生を、1～8年生が心を込めて見送る感動的な式となった。在校生の「送る言葉」では、9年生一人一人に対してのメッセージがあった。

　例えば、「○○さんがリーダーシップを発揮し活動している姿は、私のあこがれです。児童生徒会長となった今、その責任の重さに押しつぶされそうなときがありますが、○○さんを手本に、この責任を全うしたいと思います」「○○さんの何事も最後まで諦めない姿勢に、私はいつも勇気をもらっていました。○○さんの姿は、私を剣道部部長として、諦めずに頑張ろうという気持ちにさせてくださいました」等である。

　こんなに後輩たちから尊敬されていた9年生から、後輩たちにプレゼントがあった。それは、9年生を送る会の最後に、在校生に送られたメッセージ付きのカレンダーである。それが、今回の「私の一品」である。塩原小中学校で生活してきた9年生だからこその、後輩たちへの励ましの言葉が満載であった。

　例えば、「4月　1年生、入学おめでとう。ふあんなこともおともだちとのりこえてね」「5月　9年生、とうとう体育祭だね。いろいろ大変だけど、前を向いて進もう」「6月　7年生にとって初めての中間テスト。最後まで諦めず頑張ってね」「8月　8年生主体の新チームスタート。目標に向かって練習あるのみ」「9月　5年生へ　温泉まつりは塩原の大切な祭りだから積極的に盛り上げよう」「10月　6年生は前期課程のリーダーだから、文化祭を大いに盛り上げてね」「11月　4年生、駅伝練習始まっているかな。ついていけなくても自信をもって頑張ろう」「3月　8年生へ　いよいよ9年生は卒業。これからの塩原小中を作るのはみんなです」等である。

　義務教育学校の最大の特長は、先輩は後輩を思いやり、後輩は先輩を尊敬するという関係が構築できることである。校長室に飾られたカレンダーを見ながら、たった4人で、一日も休まず、学校のために頑張ってきた9年生を思い出し、私自身も、「また4月から、塩原小中学校のために、全力で頑張ろう」と決意を新たにしている。

全面実施まであとわずか！

新学習指導要領を「**実践**」につなぐ
授業づくりの必備シリーズ

平成 29 年改訂
小学校教育課程実践講座
全14巻

A 5 判・各巻 220 頁程度・本文 2 色刷り

各巻定価 （本体 1,800 円＋税） 各巻送料 300 円
セット定価（本体 25,200 円＋税） セット送料サービス

【巻構成】
●総　則　　●国　語　　●社　会　　●算　数
●理　科　　●生　活　　●音　楽　　●図画工作
●家　庭　　●体　育　　●外国語活動・外国語
●特別の教科 道徳　　　●総合的な学習の時間
●特別活動

平成 29 年改訂
中学校教育課程実践講座
全13巻

A 5 判・各巻 220 頁程度・本文 2 色刷り

各巻定価 （本体 1,800 円＋税） 各巻送料 300 円
セット定価（本体 23,400 円＋税） セット送料サービス

【巻構成】
●総　則　　●国　語　　●社　会　　●数　学
●理　科　　●音　楽　　●美　術　　●保健体育
●技術・家庭　●外国語　　●特別の教科 道徳
●総合的な学習の時間　　　●特別活動

ここがポイント！

□ **信頼・充実の執筆陣！**　教科教育をリードする研究者や気鋭の実践者、改訂に関わった中央教育審議会の教科部会委員、学校管理職、指導主事ら充実のメンバーによる確かな内容です。

□ **読みやすさ・使いやすさを追求！**　「本文 2 色刷り」の明るく読みやすい紙面デザインを採用。要所に配した「Q＆A」では、知りたい内容に即アプローチしていただけます。

□ **授業事例や指導案を重点的に！**　「資質・能力の育成」や「主体的・対話的で深い学び」を授業の中でどう実現させるか？　実践に直結する授業事例や指導案を豊富に紹介します。

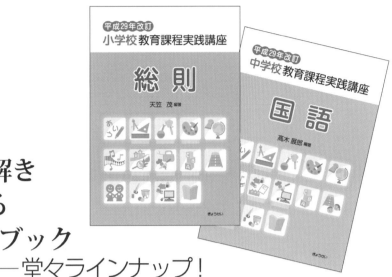

学習指導要領を
「現場視点」で読み解き
「授業」に具体化する
新教育課程サポートブック
　　　　——堂々ラインナップ！

[平成29年改訂 小学校教育課程実践講座（全14巻）◆編著者]
- ●総　　則　　　　　　天笠　茂　　　千葉大学特任教授
- ●国　　語　　　　　　樺山　敏郎　　大妻女子大学准教授
- ●社　　会　　　　　　北　俊夫　　　国士舘大学教授
- ●算　　数　　　　　　齊藤　一弥　　高知県教育委員会事務局学力向上総括専門官
- ●理　　科　　　　　　日置　光久　　東京大学特任教授・前文部科学省初等中等教育局視学官
- ●生　　活　　　　　　朝倉　淳　　　広島大学教授
- ●音　　楽　　　　　　宮下　俊也　　奈良教育大学理事・副学長
- ●図画工作　　　　　　奥村　高明　　聖徳大学教授
- ●家　　庭　　　　　　岡　陽子　　　佐賀大学大学院教授
- ●体　　育　　　　　　岡出　美則　　日本体育大学教授
- ●外国語活動・外国語　菅　正隆　　　大阪樟蔭女子大学教授
- ●特別の教科　道徳　　押谷　由夫　　武庫川女子大学教授
- ●総合的な学習の時間　田村　学　　　國學院大學教授
- ●特別活動　　　　　　有村　久春　　東京聖栄大学教授

[平成29年改訂 中学校教育課程実践講座（全13巻）◆編著者]
- ●総　　則　　　　　　天笠　茂　　　千葉大学特任教授
- ●国　　語　　　　　　髙木　展郎　　横浜国立大学名誉教授
- ●社　　会　　　　　　工藤　文三　　大阪体育大学教授
- ●数　　学　　　　　　永田潤一郎　　文教大学准教授
- ●理　　科　　　　　　小林　辰至　　上越教育大学大学院教授
- ●音　　楽　　　　　　宮下　俊也　　奈良教育大学理事・副学長
- ●美　　術　　　　　　永関　和雄　　武蔵野美術大学非常勤講師
- ●保健体育　　　　　　今関　豊一　　日本体育大学教授
- ●技術・家庭〈技術分野〉　古川　稔　　福岡教育大学特命教授
- 　　　　　〈家庭分野〉　杉山久仁子　横浜国立大学教授
- ●外国語　　　　　　　菅　正隆　　　大阪樟蔭女子大学教授
- ●特別の教科　道徳　　押谷　由夫　　武庫川女子大学教授
- ●総合的な学習の時間　田村　学　　　國學院大學教授
- ●特別活動　　　　　　三好　仁司　　日本体育大学教授

小学14巻、中学13巻、全て好評発売中!!
担当教科と「総則」をセットで揃えて頂くのが
オススメです!!

【ご注文・お問い合わせ先】
㈱ぎょうせい
フリーコール　0120-953-431　［平日9～17時］
フリーFAX　　0120-953-495　［24時間受付］
Webサイト　　https://shop.gyosei.jp　［オンライン販売］

学校教育・実践ライブラリ　Vol.2
評価と指導～全面実施直前・各教科等の取組課題～

令和元年6月1日　第1刷発行

編集・発行　　株式会社ぎょうせい

　　　　〒136-8575　東京都江東区新木場1-18-11
　　　　電話番号　編集　03-6892-6508
　　　　　　　　　営業　03-6892-6666
　　　　フリーコール　0120-953-431
　　　　URL　https://gyosei.jp

〈検印省略〉

印刷　ぎょうせいデジタル株式会社
乱丁・落丁本は、送料小社負担のうえお取り替えいたします。
©2019　Printed in Japan.　禁無断転載・複製

ISBN978-4-324-10611-2（3100541-01-002）〔略号：実践ライブラリ2〕